U0137994

读懂孩子，亲子沟通更顺畅

沈利克　沈利红

著

青岛出版集团 | 青岛出版社

图书在版编目（CIP）数据

读懂孩子，亲子沟通更顺畅 / 沈利克，沈利红著 .—青岛：
青岛出版社 , 2023.8

ISBN 978-7-5736-1201-4

Ⅰ.①读… Ⅱ.①沈… ②沈… Ⅲ.①家庭教育
Ⅳ.① G78

中国国家版本馆 CIP 数据核字（2023）第 097837 号

DUDONG HAIZI，QINZI GOUTONG GENG SHUNCHANG

书　　名	读懂孩子，亲子沟通更顺畅
著　　者	沈利克　沈利红
出版发行	青岛出版社
社　　址	青岛市崂山区海尔路 182 号（266061）
本社网址	http://www.qdpub.com
邮购电话	0532-68068091
策划编辑	尹红侠
责任编辑	尹红侠
封面设计	祝玉华
封面插图	胡　佳
照　　排	青岛乐喜力科技发展有限公司
印　　刷	青岛双星华信印刷有限公司
出版日期	2023 年 8 月第 1 版　2023 年 8 月第 1 次印刷
开　　本	16 开（710mm×1000mm）
印　　张	14.5
字　　数	210 千
书　　号	ISBN 978-7-5736-1201-4
定　　价	49.80 元

编校印装质量、盗版监督服务电话：4006532017　0532-68068050

序　言

2021 年 7 月，中共中央办公厅、国务院办公厅印发了《关于进一步减轻义务教育阶段学生作业负担和校外培训负担的意见》（以下简称《意见》）。该《意见》完善了家校社协同机制，要求：

进一步明晰家校育人责任，密切家校沟通，创新协同方式，推进协同育人共同体建设。教育部门要会同妇联等部门，办好家长学校或网上家庭教育指导平台，推动社区家庭教育指导中心、服务站点建设，引导家长树立科学育儿观念，理性确定孩子成长预期，努力形成减负共识。

2021 年 10 月 23 日，《中华人民共和国家庭教育促进法》（以下简称《家庭教育促进法》）由第十三届全国人民代表大会常务委员会第三十一次会议通过，并于 2022 年 1 月 1 日起施行。《家庭教育促进法》是我国第一次以立法的形式促进家庭教育的科学化、法制化，既契合家庭教育的特殊重要性，又为国家培养未来合格的建设者和接班人提供法律保障。《家庭教育促进法》对未成年人的父母或者其他监护人实施家庭教育提出了以下方式方法：

（一）亲自养育，加强亲子陪伴；

（二）共同参与，发挥父母双方的作用；

（三）相机而教，寓教于日常生活之中；

（四）潜移默化，言传与身教相结合；

（五）严慈相济，关心爱护与严格要求并重；

（六）尊重差异，根据年龄和个性特点进行科学引导；

（七）平等交流，予以尊重、理解和鼓励；

（八）相互促进，父母与子女共同成长；

（九）其他有益于未成年人全面发展、健康成长的方式方法。

那么，当"家事"成为"国事"之后，如何合理合法的实施家庭教育便成为当代中国家长们必须直面的大事。如何树立良好的家风，家长需要学习；如何履行家庭教育的责任，家长需要学习；如何尊重孩子的身心发展规律和个体差异，家长需要学习；如何尊重孩子的人格尊严、保障孩子的合法权益，家长需要学习；如何遵循家庭教育的特点、贯彻科学的家庭教育理念，家长需要学习；如何使家庭教育与学校教育、社会教育协调一致，家长需要学习；如何根据家庭和孩子的实际情况采取灵活多样的教育方法，家长同样需要学习。

其实，要缓解乃至消除家长在亲子教育、家庭建设方面的种种焦虑和压力，比较有效的路径也是"学习"。当家长因为要不要为孩子购买学区房而焦虑时，学习无疑是家长的必由选择；当家长因为孩子的学习成绩一落千丈而焦虑时，学习一定是家长的必由选择；当家长因为孩子的各种拖拉而焦虑时，学习当然是家长的必由选择；当家长因为孩子沉迷于电子游戏而焦虑时，学习是家长的必由选择；当家长因为找不到鼓励孩子的门道而焦虑时，学习依然是家长的必由选择；当家长因为孩子深陷自卑的漩涡而焦虑时，学习同样是家长的必由选择。

是的，家长只有持续、有效的学习，才能为家庭教育提供源源不断的正能量，才能不断地消除自身的各种家庭教育负能量。

《读懂孩子，亲子沟通更顺畅》《方法对了，孩子学习才高效》正是适合家长学习的家庭教育读物。

首先，这两本书的内容几乎涵盖了当前家庭教育所有的热点、痛点和焦点。学业问题是当代家长较为关切和焦虑的热点话题。而《方法对了，孩子学习才高效》一书，就是治愈家长学业焦虑的处方大全。孩子的学业问题，涉及遗传、环境、教育等多重因素，且多重因素相互交织、相互作用、相互叠加，形成了一个极其复杂的认知系统。家长的焦虑，一半来自自身对孩子的认知系统和生命环境缺乏科学的了解与把控，另一半来自自身对孩子的学业水平不切实际的期待。这两本书所开处方，正是从这两个根本症结入手，为家长提供切实的菜单式指导建议，如《这样用脑，科学又健康》《让家里的书房成为很好的培训班》《温柔的告诫和严厉的惩罚，哪个更管用》等文章，旨在引导家长正确了解、科学把控孩子的认知系统和生命环境；又如《"我只是一个学习不好的孩子，不是一个坏孩子。"》《原来最先放弃孩子的是家长》等文章，既是打开孩子心门、找到认知症结的一把把钥匙，又是引领家长回归理性预判、遵循孩子生命成长规律的一级级台阶。

其次，这两本书的写作方式与其他家教读物有所不同，其定位于家庭教育的问题解析与对策辅导，具有极强的操作性、应用性和迁移性。这两本书的写作运思，不追求宏大的理论叙事，不在意严密的学术论证，而是用平实的语言、简洁的阐释、精准的建议，让家长获得有效的行动指导，并因此产生一种较强的执行力。诚如作者所言："教育类的热门书籍似乎都很畅销，因为家长们都在寻求教育的良方，却不知道教育的良方一直在他们身边，而他们根本不屑于去运用。"家长如果在家庭教育的问题上一直处于一种不自觉的惰性与惯性状态中，那么，在读到诸如《这样用脑，科学又健康》《孩子只是看上去很努力》《让坚持成为习惯而不是枷锁》等文章时，会有一种醍醐灌顶、如梦初醒的感慨，更会有一种立马行动、坚持到底的决心。这两本书中所提的家庭教育问题，也许正使家长处于焦虑、苦恼又一筹莫展、束手无措的尴尬窘境。作者所提出的应对思路和操作策略，竟然清晰、便捷得让家长不敢置信，又令家长有一种相见恨晚的感慨。在这个信息碎片化的时代，这两本书基于问题导向、行动破局的写作定位，避免了各种烦琐的概念界定、体系建构，以及理论上的过度诠释，有助于广大渴盼提高家庭教育水平却又身心疲惫的家长们。

最后，这两本书的作者身份与经历也显得与众不同，且颇有说服力。作者既不是家庭教育理论纯粹的研究者，又不是专职的家庭教育指导师，也不是一般意义上的普通中小学教师。作者集三种身份的优势于一体，又规避了三种身份各自的弊端。第一，作者是普通中小学的优秀教师，长期致力于班主任工作的实践与研究，深受学生喜爱，家长欢迎。所以，在家庭教育的问题上，作者常常能做到换位思考和共情体验，既能从教师的角度审视家校沟通的存在问题和应对策略，又能从家长的角度反省家校沟通应该规避的各种典型失误。第二，作者自己也是孩子的母亲，正在经历和体验同年龄段家长遇到的一些家庭教育问题。这种置身其中又抽离其外的立场，使作者对家庭教育多了一些同情的理解、理解的同情，也因此，作者所提出的家庭教育建议有着极为重要的作用。第三，作者一直从事心理咨询和健康教育的工作，尤其是在家庭、学校、社会三方结合的心理教育方面，有着诸多独特的见解和成果。这三重身份足以让作者避免一般教师或家长在家庭教育问题上所持的经验主义立场，而能让作者从一个相对专业的角度发现家庭教育问题，剖析症结实质，并从学理深处提出解决家庭教育问题的对策。我们在阅读作者所提出的诸多家庭教育建议时，都能切实感受到背后的学理支撑。

总之，正如《家庭教育促进法》第十八条所指出的这样："未成年人的父母或者其他监护人应当树立正确的家庭教育理念，自觉学习家庭教育知识，在孕期和未成年人进入婴幼儿照护服务机构、幼儿园、中小学校等重要时段进行有针对性的学习，掌握科学的家庭教育方法，提高家庭教育的能力。"唯有不断地持续学习，家长们才能真正掌握为己育子、为国育才的本领，才能切实降低和消除由此带来的各种焦虑和压力，在成就孩子幸福人生的同时，也成全自己的美好人生。除了学习，我们别无他途。

王崧舟

2021 年 12 月

目录

第三章

陪伴是最有效的教育 ▬▬▬▬▬

第四章

▬▬▬▬▬ 心理健康才能阳光成长

第五章

不完美，才是孩子真实的样子 ━━━━━━

第六章

用有趣的方式养育乐观的孩子

第七章

家庭是孩子成长的发动机 ▬▬▬▬

第八章

▬▬▬▬ 劳动是最好的家庭教育

第一章

沟通是养育孩子的首要法则

　　有的家长渴望走进孩子的内心，却苦于找不到方法。家长还记得孩子小时候黏着自己的样子吗？孩子是从什么时候开始不愿意向家长倾诉了呢？也许是从家长一次次打断他的话，试图教育他开始的；也许是从家长越来越忙，总是没时间好好听他说话开始的。从此以后，有的家长会发现自己的教育变得越来越无效，孩子不愿意再听家长的话。于是，责骂甚至暴力开始出现，有的家长走上了一条错误的教育之道。想要了解孩子在想什么，想要让教育变得有效，有效沟通是第一法则。如果家长能跟孩子好好沟通，很多育儿难题就会迎刃而解。

孩子愿跟家长沟通的前提是亲子关系融洽

家长如何跟孩子沟通？如何才能让孩子说出心里话？其实这并不简单。有的家长会有这样的体验：当想和孩子聊一个话题，特别是触及孩子隐私的话题时，谈话往往很难进行下去。

比如，家长很想知道孩子昨天为什么回家那么晚，到底去了哪里，但孩子闭口不说。比如，家长很想知道孩子今天为什么在学校和同学闹矛盾，但孩子要么转移话题，要么干脆关上房门，不理会家长。

有的家长很郁闷："这个孩子，我该怎么和他聊天？我如何才能走进他的内心世界？这是不是传说中的代沟？"

孩子不愿意和家长谈话的四种表现

孩子和家长交谈时，如果出现以下几种情况，那么大体上说明孩子感觉和家长谈话并不安全。

（1）**逃避**。家长一和孩子讲起某个话题，孩子就借故离开："哎呀！我突然想起我的作业还没做完，我去做作业了。"然后匆匆忙忙地走了。

（2）**嬉皮笑脸，转移话题**。妈妈正准备切入话题，孩子嬉皮笑脸地说："哎呀！妈妈，我觉得你今天给我买的书包很不错，我很喜欢呢！你知不知道我最喜欢什么样的书包？你知不知道我们班同学都喜欢什么样的书包？"

（3）**沉默不语，金口难开**。孩子前一秒还在和家长嘻嘻哈哈地聊天，家长刚触及重要问题，孩子立刻不说话了。不论家长怎么循循善诱，孩子都沉默不语。

（4）**出离愤怒，夺门而出**。家长不提起某些话题还好，还能勉强维持家庭的和睦。只要家长提起某个话题，孩子立刻就和家长翻脸，起身离开，或者大吵一架。

以上是孩子四种常见的方式，当然并不只限于这四种。看似不一样的表现，背后的原因都一样：孩子在和家长的谈话时缺乏安全感，孩子的安全受到了威胁。

📣 建立关系是第一步

举个例子，假如我们和一个感觉并不安全的人交谈，这个人非要挖出我们不愿意说的事情，那我们会怎样应对？我们一般会委婉地转移话题，但如果对方总是抓住这件事不放，我们就会严词拒绝。与孩子沟通的时候，我们怎样才能避免成为不识相的人呢？

家长首先要和孩子搞好关系。说话绝对是一门艺术，同样的内容让不同的人说出来，感觉就不同，比如朋友和敌人说了同样的话，但给我们的感觉一定是不同的，我们更愿意接受朋友的建议。

如果孩子把家长当作敌人一样防备，那么亲子之间的谈话很难进行下去，孩子会时时刻刻准备自卫，稍有不慎就会短兵相接。

说到这里，有的家长会很委屈："我都是为他好，他为什么要防着我呢？"

其实孩子小时候对父母并没有防御心，会把所有的事情都告诉父母。孩子长大了，有了自我意识，有了保护隐私的想法。孩子发现，如果自己把某些事情告诉家长，家长就会生气地责罚自己，甚至会没等听完孩子的话就劈头盖脸地怒吼。久而久之，孩子就在心里筑起了一道高墙。

筑墙容易拆墙难。家长要想让孩子坦诚地和自己交流，仅仅用权威是不够的。家长要花足够多的时间和精力让孩子明白，爸爸妈妈是真正关心孩子的人，爸爸妈妈真的想知道孩子发生了什么事，即便孩子做了天大的错事，爸爸妈妈也不会伤害孩子，只是想让孩子的处境变得更好些。

如果家长能让孩子明白上述内容，以后的沟通就会变得更简单顺畅。这个过程需要时间，需要家长的真心，需要家长不断地用语言表达内心。家长可以这样告诉孩子："我知道你在担心什么，你在担心告诉我这件事情之后，我会告诉其他人。你放心，我只是在担心你，我想知道你在想什么，我很想帮助你。如果你正在为这件事情烦恼，我觉得我可以替你分担一些烦恼。"

家长不仅要这样说，也要这样做。只有言行一致才能以心换心，亲子沟通才会没有障碍。

这样跟孩子"耐心谈话"不可取

家长和孩子谈话时要有耐心，要循循善诱。有的家长努力让自己变得有耐心，但并不一定能够做到。本领只学一半往往会闹出笑话，比如下面这段对话：

孩子今天闯祸了，而且故意表现出一副想要和妈妈对抗的样子。妈妈想了想，认为需要和孩子好好聊聊，于是尽量和颜悦色地把孩子拉到一边，开始和他耐心地谈话。

妈妈："你今天的行为让我感觉不舒服，你好好跟妈妈说说，你到底怎么想的。"

孩子："没怎么想。"

妈妈："嗯？没怎么想是怎么想的？"

孩子："就是没怎么想啊！"

妈妈："你这个孩子真的是不知好歹，我在跟你好好说话，你竟然用这种态度！"接下来对孩子一通指责，发泄着积累的怒火。

这位妈妈被气坏了，心里特别委屈："我这么耐心地跟他讲道理，他竟然不买账，还给我脸色看！看起来跟他好好谈话没什么用，还不如直接摆出大人的威严呢！"

这位妈妈觉得，教育专家或心理专家建议家长耐心的理论根本经不起实践的考验，甚至觉得这是那些什么都不懂的"砖家"乱讲的。事实上，家长这样的谈话实在不可取。

🔊 耐心谈话的真正内涵

这位妈妈不懂得耐心地和孩子讲话的精髓是什么。换句话说，这位妈妈的耐心是有所图的。妈妈希望孩子看到妈妈耐心的样子就马上乖乖改正。

家长耐心谈话的真正目的应该是关心孩子的处境，关注孩子遇到的困难，帮助孩子解决难题，而不是要求孩子听从家长的意见，立刻认错，乖乖改正。

这位妈妈没有弄清楚孩子的需求，只是急于寻找原因，急于纠正孩子的错误，却忽视了孩子的心路历程。

　　孩子做错了事，妈妈和颜悦色地问孩子话，这时孩子心里会嘀咕："妈妈想干啥？还不如直接打一顿呢！"孩子会用行动去验证妈妈和颜悦色的背后有没有什么意图，用来验证的行动便是拒绝和妈妈合作，然后再观察妈妈的反应。

　　这位妈妈看到孩子拒绝合作便勃然大怒，那么孩子的猜测就被验证了："妈妈耐心的样子原来是装出来的，幸好我没上当，我以后再也不相信妈妈了。"

　　这就是家长在实践教育方法时总会失败的原因。因为家长只看到了方法，却没有看到方法背后蕴含的理念和精髓。其实家长和孩子沟通时，方法是次要的，重要的是家长应真正关心孩子。家长不要利用权威去压制孩子，而要通过沟通去了解孩子，要真心地帮助孩子解决难题，而不是简单地希望孩子少制造些麻烦。家长要把真诚和耐心自然地流露出来，而不要强装出来。

怎样才能听懂孩子说的话？

成年人未必能听得懂孩子的话，听懂孩子的话并不容易。

"妈妈，今天小明不让我玩他的玩具。"

"哦，那是他的玩具，他有权利不给你玩啊！"

"妈妈，今天老师批评我了，说我不好好听课。"

"哦，老师说的对，你就是上课不认真。"

"妈妈，我今天考了95分哦！"

"哦，那5分是怎么丢的？"

这样的对话模式是不是很常见？妈妈听懂孩子的话了吗？当然没有。这样的对话往往无法进行下去了。怎样才算听懂孩子的话呢？听到妈妈的回应以后，孩子会想和妈妈讲更多的话，通过和妈妈的谈话，孩子自己能把问题的根源找出来，并且找到解决方法，这才算听懂孩子的话。

孩子特别不喜欢家长说教，家长说教的效果并不好。一二年级的时候，孩子喜欢天天和妈妈谈心，但是如果每次讲不到两句就被妈妈训斥，过上一阵，孩子就不愿和妈妈讲话了，因为他发现妈妈听不懂他的话。

🔊 对孩子的情绪做出回应

家长怎样才能听懂孩子的话呢？家长在听孩子讲话时要先听"音"，"音"指的是孩子的情绪，家长首先要对孩子的情绪做出回应。比如在上面的三段对话中，孩子是怀着不同的情绪来向妈妈倾诉的。第一个孩子受了委屈，第二个孩子比较无助，第三个孩子满怀喜悦。

家长要能感受到孩子话语中的情绪，并且要用相应的态度去回应，比如应该对第一个孩子回应关怀，对第二个孩子回应帮助，对第三个孩子回应祝贺。在上面的对话中，第一位妈妈回应的是冷漠，第二个妈妈回应的是批评，第三个妈妈回应的是挑剔。

第一个孩子会感觉妈妈一点儿也不在乎自己，第二个孩子会认为妈妈和老师一起站在自己的对立面上，第三个孩子会觉得自己总是达不到妈妈的要求。长此以往，第一个孩子会感觉缺爱，第二个孩子会感到孤立无援，第三个孩子会苛责自己，变得爱讨好别人。

需要强调的是，面对孩子的倾诉，家长先要对孩子的情绪做出回应。

第一个妈妈可以这样说："他不给你分享玩具，你一定挺难过吧？"

第二个妈妈可以这样说："你肯定不希望老师这样批评你吧？"

第三个妈妈可以这样说："哇！我看得出你对考 95 分还是挺开心的。"

这时候，孩子的话匣子就被打开了，因为他的情感通道被打开了。

有的家长会觉得做出这样的回应有些难，不一定能迅速地捕捉到孩子话语中的情绪。有没有更简单的回应方式呢？当然有。比如万能的"哦"，这个字有多种读音。在温柔地回应孩子的倾诉时，家长可以读二声，可以试着练一下。

当家长用这样的方式回应孩子的时候，孩子一定会接着往下说。当孩子主动和妈妈讲一件事的时候，孩子特别希望妈妈把自己的话听完。只要妈妈不给孩子的情绪添堵，孩子就会把自己的内心想法都告诉妈妈。

🔊 让孩子把话说完

有的家长会问："如果孩子的想法是错误的，难道我还要认真听完吗？难道不可以马上打断孩子的话，好好教育一下孩子吗？"错！如果家长打断孩子的话，好好教育一下孩子，孩子就能听家长的话吗？孩子有可能表面上认同，内心未必。

无论孩子的想法是对还是错，家长都应该等孩子把话说完，再表达情感上的共鸣，接着客观地说说自己的看法。

比如本文开始的三段对话中，第一个孩子遇到好朋友不分享玩具的情况，找妈妈倾诉的目的是想说说自己的委屈。妈妈可以先对孩子的情绪做出回应，再听听孩子接下来要说什么。说不定孩子只想向妈妈倾诉一下而已，过一会儿也许就忘了这件事，或者孩子自己就解决了这件事。

孩子有时候向妈妈倾诉，不一定想要得到答案，只是希望妈妈倾听一下。妈妈只有听懂孩子的话，才能走进孩子的内心，才能达到教育孩子的目的。

怎样聊天才能知道孩子在想啥？

家长都想知道孩子究竟在想什么，想知道孩子为什么不开心，为什么对学习提不起兴趣。孩子撒谎的时候，家长想知道如何和孩子过招，想识破孩子的谎言。有的家长和孩子聊上一两句，就会陷入尴尬的境地：

妈妈："我觉得你今天好像不开心。"

孩子："没有啊！我挺好的。"

妈妈："不对啊！我看你皱着眉头。"

孩子："我没有不开心啊！"

妈妈："你开心的时候不是这个样子的！"

孩子："那我开心的时候什么样子？"

妈妈："笑眯眯的，不会像现在这样愁眉苦脸。"

孩子："那我笑一个给你看吧！"

聊天到此结束。再比如：

妈妈："你说，这钱是从哪儿来的？"

孩子："我捡来的啊！"

妈妈："撒谎！谁能捡来这么多钱？"

孩子："我就是运气好，钱就是我捡来的。"

谈话到此结束。

在以上两段对话中，妈妈找不到解决问题的线索，结果要么亲子关系紧张，要么双方心生误解。

🔊 通过询问细节可以得到更多的信息

从孩子的嘴里获取信息的确挺难的，这里给大家介绍一种实用的亲子沟通方法，概括为三个字：问细节。

打个比方，有个孩子这段时间每天都迟到，而且一贯表现并不好。这天早上，孩子又迟到了，假设你来当老师，你会怎么问？让我们模拟一下：

老师："小明，你怎么又迟到了？"

小明："睡过头了。"

老师："早上没人叫你吗？"

小明："我们都睡过头了。"

老师："唉！你爸妈真是的。"

沟通到此结束。再来一种怒吼版本："小明，你是怎么搞的，本周你已经迟到三次了，你这么晚来，到底想不想好好学习了？"孩子默默地坐到位子上，忍受着老师的批评。

事实上，这件事真的发生过，我是这样问细节的：

我："小明，你今天怎么又迟到了？"

小明："睡过头了。"

我："你昨晚是几点睡的？"

小明："11点吧。"

我："那么晚？你昨晚在干什么？"

小明："看电视。"

我："作业呢？"

小明："没做完。"

我："你看电视那么久，没人管你吗？"

小明："没有。"（备注：这个孩子父母晚上经常加班，所以孩子经常一个人在家。）

我："你回家一直在看电视吗？"

小明："嗯，差不多。"

我："你妈妈几点下班？"

小明："七点。"

我："你妈妈七点下班回来，看到你看电视没生气？"

小明："我妈没回来睡。"

我："你妈妈去哪里了？"

小明："去阿姨家了。"

我："为什么要去阿姨家？"

小明："她和我爸爸在冷战。"

说到这里，孩子流泪了。我不需要再追究下去了，我已经弄清楚孩子的问题了，我要做的工作是联系家长，做好沟通。

面对孩子出现的问题，家长不必动怒，也不用批评孩子，利用问细节的方法，就能把孩子的问题搞清楚。

孩子撒谎了，还不承认，家长该怎么办？这时候需要根据具体情况来具体分析，比如前文提到的孩子捡到了钱，妈妈怀疑钱是孩子偷的，孩子坚持说钱是捡来的，模拟对话如下：

妈妈："这些钱是从哪里来的？"

孩子："我捡来的。"

妈妈："你的运气怎么这么好？在哪里捡来的？"

孩子："校门口。"

妈妈："校门口有个红绿灯，你是在靠近红绿灯的地方捡到的？"

孩子："还没到红绿灯的地方。"

妈妈："你是在什么时候捡到的？"

孩子："放学的时候。"

妈妈："放学的时候校门口有很多人，你捡钱的时候有人看到吗？"

孩子："应该没有吧。"

妈妈："你捡钱的时候是在等红灯，还是在过马路？你今天是和谁一起走出校门的？"

妈妈这样一连串地问下去，如果孩子真的在说谎，那么孩子除非精心设计过，否则一定会答得自相矛盾。

日常聊天从细节入手

看到孩子不开心的时候，家长不要毫不掩饰地问："我觉得你好像不开心啊！"这样往往问不出有价值的信息。家长可以换一种方式，就像平时聊天一样：

"你今天在学校里跟谁一起玩了？"

"今天学校有什么好吃的？"

"今天的作业多不多？"

"我看到班主任在群里说明天要准备科学实验的器材。"

如果孩子对以上任意一个问题有回应，并且开始讨论，家长就可以顺着问下去，就像聊天一样，一定要聊细节。慢慢地，孩子就会在不经意间把自己想要说的话告诉家长。

如果家长询问得比较客观，没有那么快地触及孩子的敏感问题，孩子的防御心理就不会特别强，就可以深入地聊下去了。

与孩子沟通的方法有很多，前提是家长的态度要真诚。如果家长再掌握几个沟通技巧，了解孩子就不是一件难事了。

怎样才能成为一个不唠叨的妈妈？

我特别不希望成为孩子眼中唠叨的妈妈，也特别不喜欢唠叨，自认为是个干脆利落、一两句话就能戳中要害的妈妈。然而，接触了很多家长之后，我发现妈妈的唠叨大多是被娃逼出来的。

"快点儿！快点儿！！快点儿！！！你倒是快点啊！！！"

"别看了！别看了！！别看了！！！我说多少遍了，放下手机，别看了！！！"

"赶紧收拾！快点儿收拾！！你这孩子！！！"

有的妈妈觉得，如果自己不在孩子后面催着，孩子就像慢吞吞的蜗牛。也许做事专心、麻利、不会东张西望的孩子都是别人家的。有的妈妈不停地催促，催得孩子头都大了，孩子逢人就说："我妈真烦！"有时候妈妈自己也会嫌弃自己："我怎么这么烦？！"

前段时间，我给初中孩子做讲座，有个孩子说："我妈真是烦啊！她答应我玩20分钟手机，她能在5分钟之内催我很多遍，我的头都快要炸了！"

这位妈妈可能是这样做的：孩子说要玩一会儿手机，妈妈说"好的"，然后孩子拿起了手机，妈妈便不停地催：

"你玩得差不多了吧？"

"你可以给我手机了。"

"你这样看手机，还要不要眼睛了？"

"你赶紧把手机给我吧！"

"你在看什么呢？"

……

孩子出门前穿衣服，一边穿一边哼歌，这位妈妈也会开启唠叨模式："你快点儿啊！你赶紧穿啊！不要唱了啊！"孩子反抗："我一直在穿啊！我不是在扣纽扣吗？"妈妈刚刚闭嘴半分钟，又开始唠叨："你赶紧穿鞋子啊！"

事无巨细让妈妈变得唠叨

为什么妈妈容易变得唠叨？其实这个世界上不唠叨的妈妈非常少，不唠叨的妈妈往往是"云端妈妈"，只负责每天晚上下班回家陪孩子玩耍一会儿，不用陪孩子写作业，不用照顾孩子吃喝拉撒。妈妈如果需要照顾孩子的饮食起居，需要陪伴孩子做作业，就容易变得唠叨。爸爸只要每天事无巨细地照顾孩子，也容易变得唠叨。

孩子总嫌我们唠叨，我们也想做不唠叨的家长。但是如果家长不唠叨，孩子早上出门上学的时候，不是忘了带文具，就是忘了戴红领巾；不是忘了带作业，就是忘了穿外套；不是写作业磨蹭，就是不会合理安排时间复习；不是玩游戏上瘾，就是追剧到深夜。家长怎样才能不唠叨呢？

唠叨的初衷是提醒

我们分析一下家长唠叨的初衷什么。家长唠叨的初衷是提醒，提醒一旦过头了，就会变成唠叨。难道家长少说几遍就能解决问题吗？当然没那么简单，家长即使少说几遍，也不一定能解决问题。因为这和孩子的大脑结构有关。

大脑皮层一般分为枕叶、顶叶、颞叶、额叶等几个分区。大脑皮层的不同分区具有不同的功能，大脑皮层发育成熟的顺序也不一样。额叶的发育比枕叶、顶叶、颞叶的发育晚。额叶前部的功能与记忆、判断、计划、决策、预测、规划有关，也就是说，额叶像整个大脑的控制者，决定在什么时候做什么事，能够合理组织和安排诸多事务。

一般来说，额叶要到 20 多岁才能完全发育成熟。换句话说，虽然孩子的大脑看起来和成人的大脑差不多大小，但功能尚未完善，因为有一项能力肯定比不上成人，那就是合理安排学习和生活的能力。

有的孩子虽然长得比大人还高，但往往做了这件事，就忘了那件事，顾此失彼，考虑不到后果，缺乏计划性。家长要充当孩子大脑额叶的角色，帮助孩子预测和规划。

唠叨要有实质内容

既然家长要充当孩子大脑额叶的角色，那么简单的唠叨有可能起不到作用，需要有实质的内容：

"做这项作业已经用了半个小时，如果再不加快速度，今晚就有可能完不成。"

"明天上学需要用测试卷，现在就把它放在书包里，以免忘了。"

"测试卷在书包里吗？再检查一遍，千万别忘带。"

"如果今天做不完这些作业，那么明天有可能被老师批评，而且会影响一天的心情，还是赶紧做了吧！一定要好好学习啊！"

家长这样的提醒并不是简单重复的唠叨，孩子虽然也会觉得烦，但至少听到了有用的内容，尤其是得到了有可操作性的实用建议。

家长催促孩子的事情一般分为两类：一类是希望孩子赶紧做完的事，比如赶紧做作业、快点儿把个人卫生搞好等；另一类是希望孩子花的时间越短越好的事，比如玩手机、看电视等。

有的家长觉得孩子做事情不够快，看到孩子一边悠闲地哼着歌，一边做，或者看到孩子在玩手机或看电视，就觉得孩子在浪费时间，希望孩子能尽快完成手中的事情，用省出来的时间去做些有意义的事情。

另外，孩子在做不同的事情时，家长的心态也有差异，对时间的感知也有差异。如果孩子在某个双休日的下午做完了作业，主动要求看会儿书，那么家长肯定不会在 10 分钟之内催 5 遍"看完了没有"，因为家长希望孩子读书的时间越长越好。而当孩子看电视的时候，家长希望孩子看电视的时间越短越好，事先约定好的 20 分钟，在家长的心里如同 1 个小时那么漫长。

请家长合理地唠叨

经过以上分析，家长该如何合理地唠叨呢？

首先，当交给孩子一项任务时，家长一定要信任孩子。有的家长并不一定能做到信任孩子，甚至会说："我怎么能相信他呢？他叠的被子乱成一团，让他收拾房间，还不如我替他做呢！"

家长如果这样想，就需要反省一下自己，谁能在第一次就把事情做得完美无瑕呢？大人也做不到吧？我记得我小时候独立洗澡，洗完之后脖子还是脏脏的，但我妈妈依然放手让我独立洗澡。我当时的确洗得不怎么好，可妈妈并没有训我做得不好，所以我一直相信自己能做好，而且真的越做越好。

让孩子觉得自己能做好非常重要，家长要让孩子从小就有自信，这样孩子才愿意继续尝试。

其次，请家长放下高要求，要多鼓励孩子，及时诚恳地给孩子建议，孩子就会更好地成长。

另外，有的家长对时间的感知有一定的偏差，只需要一个闹钟就可以改过来。

假如家长和孩子约定好看电视的时间是 20 分钟，家长可以事先清楚地告诉孩子："这次看电视的时间是 20 分钟，时间到了，请你主动关上电视，否则取消一次看电视的机会。"孩子点头答应后，家长设置一个定时器，就可以安心地做自己的事情。等到定时器的铃声响起，如果孩子无动于衷，家长就可以提醒孩子一下："时间到了，我们约定好的。"像这样多训练几次，家长就不用唠唠叨叨，孩子也不会出尔反尔。

"妈妈，我想要……""不，你不想。"

生活中往往存在这样的情况，妈妈会否认孩子的真实感受和愿望。

孩子："妈妈，我很难过。"

妈妈："别这么说，孩子，你看今天这么多人过来陪你过生日，你应该开心啊！"

孩子："妈妈，我太失败了！"

妈妈："不，孩子，你今天考得蛮好的，哪里失败了？"

孩子："妈妈，我好想买这个玩具啊！"

妈妈："不，亲爱的宝贝，你已经有很多玩具了，再买放哪儿呢？"

当孩子提出一个自己的想法时，妈妈的第一反应就是"不"。妈妈否认的态度会让大家陷入一场互相僵持且不愉快的冲突，就像下面这样的谈话：

孩子："妈妈，我太失败了！"

妈妈："不，孩子，你今天考得蛮好的，哪里失败了？"

孩子："不，我考得就是不好，你看别人考了90多分，我只考了80多分！"

妈妈："还有很多人考得不如你呢！"

孩子："那还有很多人比我考得好呢！我真是没用！"

妈妈："你这孩子，怎么不往好的方面想呢？"

孩子："呜呜呜，我就是很没用，每次都考不好！"

妈妈："你怎么就不听劝呢？"

这时妈妈生气地想："这个孩子这么不懂事，这么悲观，我已经非常理解他了，他还是这个样子，气死了！还要我怎么劝？"

家长解决问题的关键并不在于用哪种方法来劝解孩子，而在于要接纳和承认孩子的感受。如果家长的第一反应是"不"，那么往往会出现家长和孩子之间的拉锯战。孩子向妈妈讲述自己的感受，妈妈不妨先听听孩子想说什么，就像下面这样：

孩子："妈妈，我今天真的是太失败了！"

妈妈："嗯，怎么啦？"

孩子："我考得那么差，他们都考90多分呢！"

妈妈："哦，是这样啊，你是因为没有考到 90 分而难过吗？"

孩子："对，我想考到 90 分，这样才好。"

当谈话进行到这里的时候，妈妈可以顺势帮助孩子分析一下：班里有多少人考到 90 分以上？孩子如果正常发挥，是不是就能考到 90 分以上？再帮孩子分析一下考卷，看看哪些地方不该失分。妈妈这样做，就能把即将走入死胡同的对话救活，而且能让孩子明白很多道理。

🔊 承认孩子的渴望

有时候孩子的要求不一定合理，比如，尽管家里已经有很多玩具了，孩子还想再买一个。孩子把买玩具的愿望告诉妈妈，尽管孩子知道这样的诉求不一定合理，但仍然希望妈妈能够接纳和承认自己的感受。

孩子向妈妈提出买玩具的要求，妈妈不一定要满足孩子的要求，不必违背自己的原则。只是不违背原则并不等同于要和孩子大闹一场，妈妈可以参考下面的办法：

孩子："妈妈，我好想买这个玩具啊！"

妈妈："嗯，这个玩具看起来不错，我也很希望买下来，不过咱们家已经有那么多玩具了。"

孩子："不能买吗？我好难过。"

妈妈："嗯，是的，不过我可以把你的心愿记下来。"然后，妈妈拿出备忘录，郑重地写上："某年某月某日，孩子想要买某个玩具。"

这时，孩子看到妈妈把自己买玩具的愿望郑重地记下来，似乎变得很开心，感觉得到了一定程度的满足。妈妈是否在今后的日子里兑现这个愿望，全看妈妈和孩子的约定。如果孩子不再提起这件事，而且妈妈并不想给孩子买，那么妈妈不必主动和孩子提起。

当无法满足孩子的愿望时，家长可以用幻想来安慰孩子。家长可以和孩子一起幻想，如果这个愿望实现了该多好啊！其实孩子并不一定特别固执，如果妈妈看到了孩子的愿望，承认了孩子内心的渴求，孩子就能接受现实，不会无理取闹了。

以上是回应孩子的倾诉和诉求的小技巧。用好这些技巧并不容易。现实生活中，有的家长往往会否定孩子的想法。家长并非天生懂得孩子的心思，要想成为一个称职的家长，需要长期刻意练习。

为了防止孩子哭闹，家长做了些什么？

孩子小时候都要打预防针，打预防针的时候往往会比较疼。我从小就害怕打针，到如今，每次抽血前，我都要做很长时间的心理建设，所以我非常理解小孩子怕打针的感受。假如有一天，家长要带孩子去打针，孩子因为害怕打针而哭闹着不肯去，并且一遍又一遍地告诉家长打针很疼，家长该怎么办？

有的家长在孩子打针前哄骗孩子：

"乖，打针一点儿也不疼！"

有的家长看到孩子哭，就斥责孩子：

"你别哭了！一点儿出息都没有，打针又不疼，马上就好了！"

有的家长为了防止孩子在家里哭闹不去打针，就瞒着孩子，直接带孩子出门，七拐八拐地到了医院，孩子这才发现是来打针的。这个蒙骗的过程的确能让孩子在路上不哭闹了，但从孩子的角度看，家长的这种行为有些残忍。

家长说："打针一点儿也不疼！"但孩子的感受并不是这样。家长这样的安慰其实是在否认孩子的感受，孩子会觉得自己的感受并没有得到家长的认同。比如一个人需要动一次手术，特别害怕手术刀在自己身上开口子，于是找朋友倾诉，但是朋友敷衍地说："没事，不疼的，忍忍就过去了！"这感受是不是不太好？

若是我们碰上这样的朋友，恐怕早晚都会跟他绝交。但弱小的孩子并没有话语权，不管家长说什么，孩子都得承受。家长以为自己对孩子足够尊重，其实并没有站在孩子的立场上，并没有真正帮助孩子解决问题。

如何处理孩子的恐惧心理

孩子往往会对某些事情感到恐惧，家长应该接纳孩子恐惧的心理。像打针这样成人认为很普通的小事，年幼弱小的孩子往往难以承受，无法动用自身的资源来面对，于是求助父母，希望通过哭闹来摆脱这件恐怖的事情。

假如孩子某一天要去打预防针，家长正确的做法是冷静温和地告诉孩子："我们现在要去医院打预防针了，医生扎针的时候会有一点点痛。虽然我知道你很害怕，但是我们必须去，你要是觉得疼，可以紧紧地抱住我，会感觉好一点儿。"

这时，孩子会说："我不要去！我怕疼！"或者干脆放声大哭。家长只需要温柔地安慰孩子，接纳孩子的感受，坚持去就行了。

家长可以这样说："的确会有点儿痛，妈妈知道。妈妈还知道你是个勇敢的孩子，我们坚持一下，忍忍就会过去的，如果你现在实在很害怕，很想哭，那就哭一会儿吧！"

有的家长受不了孩子哭闹，要么觉得很心烦，要么觉得很难受，往往忽略了孩子的感受。孩子哭是在表达情绪，孩子的情绪会通过哭得以宣泄。家长连孩子哭都不允许，是不是有些残忍呢？

🔊 如何处理分离焦虑

容易让孩子哭闹的典型事件是分离。每个孩子都会出现分离焦虑。哪怕父母只离开孩子几个小时，孩子也会不停地哭闹，比如妈妈早上出门上班，孩子会紧紧地拉着妈妈不放，号啕大哭。这时候家里的老人会说："你就不能悄悄地走，不让孩子知道吗？你等他睡着以后再走，他醒来找不到你没什么关系，不会像现在这样撕心裂肺地哭。"于是，有的家长为了图省事，在孩子睡着的时候悄悄离开，不给孩子表达情绪的机会。

幼儿时期是孩子建立安全感的重要时期。猝不及防的危险（比如突然打针）或父母不辞而别，都会给孩子带来难以承受之痛。孩子如果常常遇到这样的情况，就会对很多事情感到不确定，总会担心在看似平静的背后潜伏着什么危机。比如看似其乐融融的一家人团聚，缺乏安全感的孩子会担心什么时候亲人突然一哄而散，担心自己依赖信任的某个人会在什么时候突然离去。

生活在不确定的阴影下的人犹如惊弓之鸟，遇到一点儿风吹草动，都有可能引起内心的巨大恐慌。

生活总会发生一些突发事件或不确定的事情。有足够安全感的人与缺乏安全感的人的区别是，在安全的时候，有安全感的人内心是踏实的，缺乏安全感的人则处处提防坏事的发生。这种状态如同在悬崖边游走，一颗心时时刻刻提在嗓子眼儿，是一种特别难受的感觉。

妈妈可以这样告诉孩子："前方也许会有危险，前方也许会有你不愿意看到的事情，甚至会发生一些突发事件，如果你难以承受，我可以帮助你。比如妈妈今天必须离开家去上班，你会很难受，妈妈离开家的时候一定会告诉你，一定会跟你说再见，现在离妈妈上班还有一段时间，这段时间你可以和我在一起，你不用担心我会偷偷溜走。"

等到妈妈离开家的时候，孩子一定会哭闹。他此时哭闹的原因往往是妈妈离开让他感到难受，这种难受的感觉他无法用自身的力量来消解，他需要表达出来，表达出来就好了。

妈妈如果总是不辞而别，就容易让孩子产生对未知的恐慌或对美好生活的怀疑，这样的恐慌和怀疑甚至会伴随孩子的一生，孩子有可能不会告诉妈妈他一直生活在恐慌之中。

家长不要怕孩子哭闹，孩子哭闹往往只持续一会儿，家长为了阻止孩子哭闹想出的某些方法带给孩子的伤害有可能持续一辈子。

为什么打孩子只是看起来有效？

虽然我做老师十年有余，但教育我自己的孩子对我而言仍旧是个大难题。我发现很多教育理论很正确，但运用在实践中的结果就如同买家秀和卖家秀的差距。比如，以孩子为本，以鼓励为主，的确非常正确，可事实上，无论我多么温柔地鼓励，我家淘气的孩子总会做出一些出乎我意料的事情，而我只要板起脸，甚至动手打一顿，孩子就立刻变得乖乖的，这样的教育方法甚至显得简单有效。

为什么打一顿看起来是特别有效的教育方法？真的是这样吗？我认真地研究了这个问题。

教育心理理论专著的内容往往经过了提炼，呈现的是凝练的核心思想，主要介绍的是教育理论，往往缺少实际的操作过程，也很少讲解实际操作过程中遇到的具体问题。

鼓励为什么不如惩罚见效快？

从心理学的角度讲，每个人都需要鼓励和认可，孩子也如此。孩子往往只有在感受比较好的时候，才愿意做得更好。采用鼓励教育的过程是漫长曲折的，孩子并不一定会因为家长的一句鼓励的话马上发生改变。

之所以很多教育方法被家长质疑，往往是因为家长发现了一种比这些教育方法收效更快的方法——惩罚。

惩罚往往可以立刻见效。面对一个没有完成作业的孩子，家长打上一顿，第二天肯定见效。但是鼓励谈心的效果和惩罚的效果有所不同，即使家长和孩子谈心了，孩子第二天可能还是老样子。这是因为孩子想确定家长说的话是不是真的，想确定家长说这番话是不是出于真心。我们可以模拟一下孩子受到鼓励后的内心活动：

"嗯？她竟然对我这么好？这背后有什么阴谋吗？虽然她这样说真的让我很

开心，但我还是要确定一下她是不是假惺惺的。"

结果孩子仍然和家长对着干。孩子想判断家长是否在真诚地鼓励自己和帮助自己。换句话说，孩子想确定家长是否让自己感到安全。于是，家长会发现，与其和蔼地跟孩子谈上半天，不如打一顿来得有效。

为什么打一顿有效？我们也可以模拟孩子的内心活动：

仇恨版："我打不过你，没办法，只能照你说的做。"

心存侥幸版："今天我的运气不好，被你抓住了，下次绝不会被你发现。"

自暴自弃版："我真是个没用的人，我总是这么倒霉。"

虽然不同孩子的想法有所不同，但是结果都是一样的：按照家长的要求去做。不过，从长远来看，家长到底会培养出什么样的孩子呢？值得深思啊！

🔊 滋润孩子的内心需要时间

一个经常被现实捶打的孩子，也就是家长眼里的熊孩子，就像一块异常干旱的泥土，如果家长突然浇了很多水，那么这块泥土很难快速吸收水分，水还会流得到处都是。要想让这块泥土充分吸收水分，只能慢慢等，等着它一点点吸收。但是，有的家长没有足够的耐心等待，这就是有的家长做不到按照先进的教育理论去实践的主要原因。

有的家长希望马上见效，希望药到病除，但是往往用了药，病一时半会儿好不了，还可能在短时间内加重。这不是因为用错药了，而是因为身体对药物的吸收需要时间，但家长没有耐心等待这个过程，就把药扔掉了，还责怪药根本没用。

家长如果能够反思自己的教育方法，就如同取得了一半的成功。家长如果想取得全部成功，就需要在教育实践的过程中时时控制自己，不要被惩罚的教育方式所迷惑。惩罚的教育方式就像救命稻草，家长在觉得束手无策的时候，总想寻求它的帮助。

教育孩子就像养小树苗，要慢慢地浇水，小树苗不可能在一夜之间长得高大，孩子需要一步步成长。家长都在寻求教育良方，但没有一种教育良方能够立刻见效，千万不要在寻求教育良方的路上被毒药迷了眼。

打孩子的危害非常多

我经常和家长讨论如何教育孩子。我有时因为孩子的问题请家长到学校，有位家长见到我首先说："老师，我对他很凶的，经常吊起来打！"然后转身对孩子瞪眼怒吼："今天回家有你好看！"听到这句话，我默默地想：这真的是认真负责的家长吗？

打孩子不可取

上面这位家长觉得，只要把孩子打一顿，孩子就能变乖。事实上，我接触过很多孩子，我认为打孩子并不好。

有的家长在怒火中烧的时候会抄起家伙把孩子打一顿，这样不仅容易打伤孩子，而且没有多少效果。

有个孩子曾经对我说："我才不怕被打呢！打伤最好，打伤了就不用做作业了，蛮爽的。"

有的家长会说："你站着说话不腰疼，孩子不打，怎么管？除非你给我药到病除的方子。"

被打的孩子也有自尊

我曾经看到一个孩子被父亲打得鼻青脸肿，而且受到了其他孩子的嘲笑，但这个孩子的反应是嬉皮笑脸。有人奇怪：孩子被打了，为什么还不长记性呢？

其实经常挨打的孩子已经练就了一颗坚强的心，他内心的防御机制已经非常坚固，他必须让自己变得坚强起来，假装自己对挨打根本不在乎。

那个被打得鼻青脸肿的孩子的尊严已经被他的父亲践踏，他干脆对同学们笑嘻嘻地说："嗯，是被我爸打的啊！嘿嘿！"孩子的表现特别让人心疼，那是他维护仅存尊严的办法。

家长想打孩子时要平复情绪

教育孩子时，或者想动手打孩子时，家长要平复自己的情绪，尽量不要通过打孩子来管束孩子。家长打孩子，不仅会给孩子造成身体上的伤害，还会带来情感上的伤害。

其实对孩子伤害更大，并且起不到管教作用的是家长的冷暴力。孩子犯错了，有的家长采用对孩子不理不睬的冷暴力，以为自己不理睬孩子，孩子就能意识到错误。实际上，这样只能让孩子感受到被抛弃的孤独。孩子渴望得到安慰，可是到哪里寻求安慰呢？孩子一旦到了青春期，就会更喜欢和朋友在一起了。

家长管教孩子要有原则

我认为，家长管教孩子要有原则。有的家长觉得自己能做到打孩子，肯定有原则，其实不然。

比如昨天妈妈在公司被领导训了一通，憋了一肚子火无处发泄，回到家里看到孩子考得不好，便火冒三丈，揪起孩子就揍上一顿。今天妈妈买了一张彩票，幸运地中了大奖，无比高兴，回到家里看到孩子又考得不好，这时孩子想起了上次挨揍的经历，吓得瑟瑟发抖。妈妈看着孩子乐呵呵地说："考得不好没关系，走，我带你去吃好吃的。"

孩子顿时糊涂了，心想：妈妈今天怎么了？

家长不要以为带孩子去吃好吃的就能让孩子变得很开心，孩子其实当时非常害怕，因为他不知道家长的管教标准是什么。家长这样做，就属于管教标准不一致，没有原则。有的家长容易情绪化，不开心的时候打孩子的频率会高一些。

农场里的小猪疯了

我们来看看家长过于随意的教养方式会带来什么后果。先给大家讲一个有趣的故事：一个农场养了一群小猪，为了控制小猪们的活动范围，农场主在农场的四周围上了电网。第一组小猪只要碰到电网就会被电到，这样反复几次之后，这一组小猪就明白不能越过电网，否则会被电击。若干天后，电网不再通电了，小猪们并不想尝试越过电网。因为小猪们知道农场的规矩，老老实实地待在电网里。

这好比孩子每次只要没考到 90 分就被打一顿，久而久之，孩子就习惯了，如果没考到 90 分，就肯定会挨揍；如果考到了 90 分，就会觉得安全些。

第二组小猪的情况比第一组更惨。电网一会儿通电，一会儿断电，小猪碰到了电网，有时候会被电到，有时候又没有被电到。这样折腾若干天之后，即使电网撤了，这一组小猪还是到处乱跑，并且不吃食了，因为被整疯了。

这好比孩子今天考到了 90 分还挨打，下次只考 60 分却没挨打。孩子不知道自己什么时候会挨打，因为是否挨打和分数没有多大关系，孩子时时刻刻处在提心吊胆的状态。家长要想用这样的方式养育出一个健康的孩子几乎是不可能的。

立规矩不要太随意

有的家长有时会选择不现实的惩罚方法，这样孩子容易滋生侥幸心理。比如，家长对孩子说："你如果今天不好好写作业，以后永远别想看电视！"这种惩罚并不现实，而且比较随意。家长要采用一些能够实现的方法，否则孩子不会相信家长说的话。

有的家长希望用自己的威严压制孩子，对孩子说："我是你爸，你就要照我说的做。"孩子并不一定会照做，即使表面上照做了，心里也有可能种下愤愤不平的种子，以后这粒种子生根发芽了，孩子就容易变得叛逆。

到底怎么做比较合适呢？跟孩子立规矩时，家长可以把规矩写下来，在家里显眼的地方张贴出来。家长可以和孩子约法三章，孩子如果做错了某些事情，就要接受惩罚，惩罚方法是扣除多少积分或取消多少次零食供应等。

约法三章对孩子来说是一种约束，对情绪容易失控的家长来说是一种很好的提示。家长如果很容易情绪化，就可以用事先定好的约法三章来提示自己，努力避免情绪失控。

威而不怒是怎么练就的？

从踏上讲台开始，很多老师都经历过嗓子变哑的阶段。班上有几十个学生，老师要想让大家安静下来，只能通过提高音量，一般经过两周，老师的嗓子就变哑了。有的老师不需要用响亮的嗓音就能让孩子们安静下来，只需要说简单的几句话，孩子就变得乖乖的。到底这种本领是如何练就的呢？其实练就这样的本领是有诀窍的，也许是老师自带的魅力。

想对孩子怒吼的时候，我多么希望自己能修炼成一个威而不怒的家长啊！让我们来看看有什么好方法可以达到这样的效果。介绍方法之前，我要告诉大家，修炼是个螺旋式上升的过程。家长即使学会了这种方法，实践的时候还会冲着孩子大吼大叫。没关系，只要家长一直实践，不断反思，冲着孩子吼叫的频率就会越来越低。

🔊 感到尊严被冒犯

家长需要弄清楚自己为什么会对孩子吼叫。有的家长可能说："是因为孩子不听我的话啊！"孩子不听家长的话，家长的感受是什么？有的家长可能这样回答："我感受到孩子对我不够尊重啊！"

仔细回顾一下自己的心路历程，家长是不是感受到自己作为长者的尊严或威严受到了冒犯？然后被激怒了，于是开始吼叫，希望在气势上压倒孩子，让孩子服从自己。这个时候，孩子要么被家长吓住，要么比家长还凶。年龄偏小的孩子会害怕家长的大嗓门，然后选择顺从。孩子虽然心里不服气，但是斗不过家长，只好败下阵来，乖乖听话。年长一些的孩子或青春期孩子会和家长展开拉锯战，争夺想要掌控的东西，亲子冲突会一次次爆发。

其实家长是在和孩子争夺主导地位，家长不允许孩子冒犯自己的尊严。家长抢得越厉害，孩子就争夺得越厉害，因为孩子感受到属于自己的尊严被撼动了。这就是家长越吼叫，孩子越不服气的原因。孩子有可能心里不服气，眼里含着泪，斗不过家长，只好忍气吞声，选择顺从，但并不是真心听话。

教育孩子的过程中一定会出现这样的权力争夺战。家长如果总是跟孩子抢来抢去，迟早就会被孩子激怒。下次遇到类似的情况时，家长如果认为自己和孩子之间的冲突并不是源自某件具体的事情，而是源自自己的尊严受到了冒犯，那么可以先忍住怒火，可以这样对孩子说："我感到我们现在都是在为各自的权力而战，这样讨论下去没有好处，现在我们都回到各自房间冷静一下，过一会儿再来讨论这个问题。"等怒气消掉之后，家长再和孩子讨论刚才的问题，这样就不会因为自己的尊严被冒犯而变得歇斯底里。

🔊 有原则才能有威信

上面介绍的是如何做到"不怒"的办法，如何做到有威信呢？

"威"并不是让孩子害怕，而是让孩子知道家长有原则，知道家长决不会让步。尽管有的家长看起来很凶，但孩子知道家长没有底线，家长生完气之后依然会答应孩子的要求，依然会对孩子让步，家长以前定下的规矩和说过的话就失去了效力。

家长如果经常破坏自己定下的规矩，就不容易做到有威严。要想在孩子面前有威严，就要让孩子知道家长说到做到，一旦立下规矩，就决不能破坏规矩。要想让孩子遵守规矩，家长只需要做到不让步就行了，不需要对孩子怒吼。

比如孩子问："妈妈，我今天能吃糖吗？"妈妈对孩子说每天只能吃一颗糖，孩子继续软磨硬泡："妈妈，求求你，你最好了，就让我再吃一颗吧！我保证这是最后一颗。"妈妈每次都义正词严地拒绝了，只是受不了孩子的持续纠缠，就发火了："你怎么这么烦？被你烦死了，吃吃吃，就知道吃！"

虽然妈妈很生气，也发火了，但是发火没有什么效果，孩子最终吃到了那颗糖。

真正有威严的家长是怎么做的呢？他会对孩子说："我跟你说得很清楚，今天不能吃糖了，所以你说再多也没用，你去那边玩会儿吧。"如果孩子继续纠缠，家长就会这样说："我知道你很想吃糖，可是很抱歉，我们事先约好了，就是不能吃。"

家长可以告诉孩子自己非常理解孩子的要求，但是决不让步。这个过程很难，需要家长不断修炼。这里总结两个技巧：一是不要陷入和孩子的权力之争，家长一旦发现自己有这样的迹象，就立刻停下来，等气消了再处理；二是虽然对孩子表达同情和理解，但是决不让步。这两个技巧说起来很轻巧，用起来非常难。家长只要努力去实践，就会发现自己发火的频率越来越低，离威而不怒越来越近了。

第二章

破译孩子的行为密码，不做焦虑的家长

如果孩子在成长过程中出现了一些行为问题，比如离家出走、说谎等，家长就会特别焦虑。父母特别希望孩子身心健康，但孩子在成长过程中难免会出现一些小插曲。家长只要学会破译孩子的行为密码，了解孩子内心真正的需求，就能有效地帮助孩子。努力做一个不断成长的智慧型家长吧！

一张图帮助家长破译孩子行为的密码

先从我某天在马路上看到的场景说起。走在我前面的是一家三口，宝宝一两岁，说话不怎么利索，一直哭闹。爸爸很烦躁，哄了几句，但是没有效果，爸爸一怒之下，一巴掌打在孩子屁股上。我在后面看到这一幕，惊呆了……

被爸爸这么一教训，孩子立刻不哭了。当然，再哭的话就又要挨揍了，哪敢再哭啊！

这里分析一下，孩子为什么哭？孩子好端端地走在路上，一直哭闹，要么渴了，要么饿了，要么冷了，要么热了，要么觉得哪里不舒服了。一两岁的孩子很少出现为了试探父母底线而无故哭闹的情况。这位爸爸如果多一些耐心，查看一下孩子哭闹的原因，就可以很好地解决孩子哭闹的问题。可惜的是，这位爸爸的教育方式简单粗暴。

🔊 需要层次理论

我们先介绍一位心理学家马斯洛。他提出了需要层次理论，如图 1 所示。他认为人的需要像一座金字塔，由低到高分别为：生理需要、安全需要、归属与爱的需要、尊重需要以及自我实现的需要。

图 1　需要层次理论

下面逐个进行解释：

（1）**生理需要。**生理需要主要包括吃饱、喝足、穿暖、呼吸、性等需要。一个人的生理需要被满足了，就能生存下去。

（2）**安全需要。**安全需要主要包括人身安全、财产安全、工作稳定、收入稳定等需要。

（3）**归属与爱的需要。**归属与爱的需要主要包括亲情、友情、爱情等需要。

（4）**尊重需要。**尊重需要主要包括自尊的需要和被他人尊重的需要。

（5）**自我实现的需要。**自我实现的需要主要包括实现自我抱负和理想的需要。

我们可以利用需要层次理论来分析和理解人们行为背后的原因。先分析出现问题的原因，再去解决问题，比只关注问题本身有效得多。

从需要分析行为

年幼的孩子主要的需要是生理和安全的需要。小婴儿之所以哭闹，要么是因为饿了，要么是因为拉了，要么是因为感觉环境不舒服。只要家长一一排除让孩子感到生理不适和安全感不足的因素，孩子往往就会停止哭闹。

等到再大一些，孩子就会有归属与爱的需要，孩子需要拥有稳定的亲情，需要拥有友情，需要拥有温暖的家庭和友爱的伙伴，这对已经上小学的孩子来讲很重要。孩子如果在学校里经常捣蛋，那么往往在同学中找不到归属感，也很难拥有友谊。

家长教育孩子时要"爱"字当先。从事教育工作这么多年，我发现最好的教育是爱。如果家长总是用充满爱和欣赏的眼光看待孩子，孩子的问题行为就会自然而然地慢慢减少，乃至消失。

孩子经常在家里捣乱，也许是缺爱的表现。家长不要总去约束和管教孩子，而要给予孩子爱。一个被满足了归属与爱的需要的孩子，其问题行为发生的频率往往是比较低的。

孩子有尊重的需要，包括对自我尊重的需要和被他人尊重的需要。其中对自我的尊重，就是自信和自尊。一个能够尊重自己、对自己有信心的孩子，往往不会出现网游成瘾或吸毒成瘾等现象。

自我实现的需要属于最高层次的需要。比如很多人会追求自己的理想，去做自己想做的事情，去迎接挑战，去进行创造。一个人如果对某些事情充满热爱，就可以经常满足自我实现的需要。比如我很喜欢写文章，虽然写文章占用了很多睡眠时间，但是我仍然觉得写文章是一件快乐的事情。这样一想，我就感觉到很幸福。

如果孩子有一两件特别喜欢做的事情，家长就应该为此感到高兴，这样的孩子才能体验到幸福的滋味。

自我实现可以用来激励孩子做得更好。当一个孩子深深地爱上一件事情，家长如果把这件事情当作给孩子的奖励，就能很好地激发孩子的学习兴趣。

前四个需要不可或缺，第五个需要是锦上添花。如果孩子的前四项需要中有任何一项没有被满足，孩子就容易出现问题行为，问题行为的表现各有不同。家长要分析出孩子行为背后的需要，才能真正读懂孩子行为传递的讯息。

孩子动不动就离家出走，怎么办？

曾经看到过一则新闻，一个男孩晚上玩手机的时间过长，被爸爸训了几句，当时爸爸的语气有点儿重，孩子便留下一张纸条离家出走了。父母整整找了三天，后来一家超市老板发现了孩子，把孩子送回了家。

一看到孩子离家出走的新闻，有的家长就会感叹："现在的孩子真是说不得，动不动就离家出走，还能不能好好管教孩子了？"言下之意是，现在的孩子太娇气，我们小时候经常被父母打骂，但很少离家出走。

到底是不是现在的孩子更难管呢？其实离家出走并不是现在孩子的发明，以前肯定也有过，只不过以前媒体报道没有如今这么发达。

🔊 离家出走背后的心理

孩子为什么离家出走？孩子往往在气头上，觉得家里不如外面好。家长要让孩子真正感受到家里比外面好。这里的好，不仅包括物质环境好，还包括心理环境好。

家长不要认为家里有吃有喝，有舒服的房间，肯定比外面好。在孩子心里，物质条件并不是排在第一位的。有句俗话说得好："金窝银窝，不如自家的狗窝。"一般来说，孩子之所以离家出走，往往不是因为家里的物质条件差，而是因为家里的氛围差。换句话说，家里不够温馨。

父母长期争吵、父母对孩子不管不顾、父母的教育方式简单粗暴、亲子关系淡漠等往往是离家出走的高危因素。不论家庭结构如何，家里的氛围都要尽量温馨融洽。父母长期争吵或者冷战，孩子觉得待在家里很痛苦，就容易离家出走。父母想要教育好孩子，首先要营造出温暖的家庭氛围。

我认识一个孩子，9岁时第一次离家出走，孩子在离家几百米远的地方睡了一晚。父母找了一夜，还打了报警电话，终于把孩子找到了。这个孩子后来频繁离家出走，甚至发展到一个人在外面三四天，一直不回家。

这个孩子和我讲述了他第一次离家出走的心路历程。他说，起初是因为自己贪玩，在外面玩的时间太久，特别害怕回家挨揍，一直在外面犹豫徘徊，时间越晚，心里越害怕，于是干脆不回家了。

孩子告诉我，父母平时工作都很忙，爸爸回到家，不是看电视就是玩手机。孩子觉得待在家里很压抑。孩子的学习不是很理想，父母常常因为不满意他的学习而打骂他。挨打多了，被打得狠了，孩子就觉得父母不爱自己了。

我问："你觉得父母爱你吗？"他说："他们心情好的时候爱我，心情不好的时候不爱我。"孩子轻描淡写地告诉我："在家里待着还不如在外面轻松自由。"

这个孩子离家出走的主要原因是家里缺少自由，在家里待着还不如在外面自由。

有的家长看到这里会这样想："小孩子哪知道什么是自由？小孩子哪有资格讲自由？！"

🔊 离家出走的孩子的共同点

离家出走的孩子往往有哪些共同特征呢？

有的离家出走的孩子的学习成绩并不理想，没有达到父母的要求，或者让父母非常失望。

有的离家出走的孩子缺乏父母的陪伴，特别是高质量的陪伴。家长边玩手机，边陪孩子做作业，这样的陪伴并不算高质量陪伴。

高质量的陪伴是心贴着心的陪伴，是心无旁骛的陪伴，家长要和孩子进行心与心的交流。

和别人面对面谈话的时候，我们并不希望对方心不在焉，孩子也不希望。家长玩着手机或者盯着电视，并不是在用心地陪伴孩子。离家出走的孩子往往是被父母忽视的孩子。

有的孩子会负气出走，一气之下摔门而去，结果没走几步就后悔了。这个时候家长该怎么办呢？我的一个朋友的做法挺有意思，也挺有智慧。

她的孩子在小学二年级的时候曾经扬言要离家出走，她平静地说："好的，给你 10 块钱，你走吧。"因为孩子还小，所以她让孩子爸爸悄悄跟在孩子后面。

孩子很开心地拿着 10 块钱离家出走了，饿了就买东西吃。没过多久，钱就用光了，孩子没地方可去，只能在街上游荡。后来孩子的外公外婆知道了这件事，马上把孩子接回了家。孩子回到家后洗了澡，吃了东西，躺在舒适的床上，不禁感慨："家里真好啊！"从那次之后，孩子再也没有动过离家出走的念头，因为他知道家里比外面好太多。

家长需要审视一下：自己给孩子营造的家庭环境是不是足够温暖？孩子是不是拥有足够的存在感？自己的言语有没有经常伤害到孩子？

如果孩子有过离家出走的情况，家长就需要好好反省一下，看看是哪里出了问题。每个孩子都有差异，特别是青春期的孩子，情绪容易激动，家长说了几句不好听的话，有的青春期孩子会一气之下离开家。对于这种情况，家长把孩子找回来之后，要好好地谈一谈。需要警惕的是孩子蓄谋已久的离家出走和多次离家出走，家长需要和孩子开几次家庭会议，好好讨论这个问题，甚至可能需要相关专家的介入辅导。

孩子最害怕什么？

生活中有些人喜欢攀比房子、车子、工作等等。比来比去，到底什么最让自己骄傲呢？有些家长觉得，自己的孩子很聪明，特别让自己骄傲，经常喜欢比孩子。有的家长只关注孩子的学业水平，也就是成绩，只要孩子成绩好，家长就觉得脸上有光。如果孩子成绩不理想，家长找不出帮助孩子的方法，还嘲讽孩子。

🔊 一封有趣的信

这是一个流传在网络上的国外故事。故事里的初中女孩离家出走了，给爸爸留了一封信：

亲爱的爸爸：

写这封信时，我心中充满内疚和不安，但是我还是得告诉你，我要离家出走了。

为了避免你和母亲的阻挠，我和男友兰迪必须这样私奔。我们已经是一体了，谁也不能把我们分开。

我相信，你们会喜欢兰迪的。他身上有各种文身图案，他的服装另类，发型独一无二。我和他难舍难分，而且我已有了身孕。

兰迪说，他要这个孩子，以后我们三个人幸福地生活。我想，我们肯定会幸福的，虽然兰迪比我稍大一点儿（男人 42 岁，在现今社会不算太老，是吧？），也没有什么钱，但这些不应该成为我们感情的障碍，你们说对吗？

我们打算到深山老林里去，搭一间小木屋。我们已经准备好了过冬的木柴。当然，兰迪还有好几位女友，但是，我知道他会以他的方式对我忠诚的。

兰迪认为，大麻不会对任何人造成伤害，我将和他一起种植大麻。

同时，我们还要祈祷，希望科学家早日找到治愈艾滋病的方法，这样，兰迪就可以康复了，他应该能得到这样的好报。

爸爸看到这里，差点儿晕厥。这时，他看到另外几个字"未完，见反面"，他慌忙把信翻过来：

爸爸，你刚才读到的都不是真的。真实情况是，我在隔壁邻居家，并想让你知道，生活中有好多事情比我的成绩单要糟糕得多。我的成绩单放在书桌中间的抽屉里，请你签上名，然后给我打电话，让我确信我可以平安回家了。

这封信在网上广为流传，大家都称赞小姑娘特别机智。她为什么会写下这样的一封信呢？也许是因为她以往的成绩单曾让她在家里有过不安全的体验，比如责骂，甚至殴打。

🔊 孩子最怕被抛弃

有的家长特别希望孩子达到某个目标，但孩子并不一定有能力去实现这个目标，也不一定认同家长设定的目标。

有时候，孩子的表现没有达到妈妈的要求，妈妈就说："妈妈不喜欢你了，你再这样妈妈就不要你了。"

我在商场见过这样的场景，孩子赖在玩具柜前，妈妈甩手就走："我不要你了，你自己留在这里吧。"孩子哭着喊着追妈妈，拉妈妈的手，妈妈却不停地甩开孩子的手，大声斥责："别跟着我，我不要你了。"

孩子跌跌撞撞，一脸的眼泪，声嘶力竭地说："我不要玩具了，我要妈妈。"

虽然妈妈说的是气话，但孩子有可能把妈妈的话当真。有的家长会对孩子开玩笑地说："你是从垃圾桶里捡来的。"或者说："你是别人送的。"家长这样开玩笑地说说，孩子却觉得是真的。有时候家长随意的说笑会给孩子带来长久的伤害。

孩子听家长说自己是捡来的，会感到恐惧，不知道如何和家长建立亲密关系。孩子最怕父母抛弃自己，最怕父母不爱自己。

家长的打骂会给孩子带来双重伤害，孩子一边承受着身体上的伤害，一边承受着心理上的打击。家长打骂孩子如同告诉孩子："你没有达到我的要求，所以我不喜欢你，我排斥你。"

家长批评孩子时要对事不对人

父母要通过适当的方式向孩子表达爱，不要总是苛责和威胁孩子。批评孩子做错事的时候，家长要把自己对孩子的情感和对这件事的评价分开。

无论孩子做错了什么，家长都要对事不对人，可以这样说："孩子，这件事你做得不对。"不要这样说："我不要你了，我不爱你了。"家长批评孩子后还要告诉孩子："我是爱你的，批评你是因为这件事你做得不对。"

家长对孩子说这些话并不是矫情，相反很重要，否则有可能让孩子无法正确地评价自己，甚至有可能让孩子生活在惶恐和不安中。

父母要有能接受孩子一切的勇气，不管孩子做得好与坏，父母都需要接纳孩子。

家长如何应对其他孩子来告状？

如果孩子经常在学校里淘气，家长去学校的处境就比较尴尬。家长一出现在同学面前，同学就有可能围上来告状，告诉家长孩子做的坏事。这时候家长往往有以下两种心态：

（1）**尴尬**。家长被一群同学围着告状，而且同学们说的都是自家孩子不好的地方，家长恨不得有个地洞钻进去。

（2）**愤怒**。家长觉得孩子不省心，非常生气。

于是，有的家长会把孩子揍一顿，但这样能解决问题吗？显然不能。孩子的问题往往无法通过一两次教育就能得以解决，只能在一定程度上得以纠正。

其实我就有一个这样的孩子，只不过面对这种处境的是孩子爸爸。这一天，同学们又向孩子爸爸告状，说孩子上课不认真、学习用品没整理好等等。

那天回到家，家里的气氛有些紧张，但爸爸并没有生气，也没有训斥孩子，只是把孩子叫到自己身边，开始了下面的对话：

"你知道同学们告状的时候爸爸是怎么想的吗？"

孩子沉默着，有些害怕，也不敢讲话，不知道爸爸想说什么。

"我当时心想：你怎么会像他们说的那样糟糕啊！他们肯定专门挑你的缺点说。"

听了这句话，孩子有话了："是啊，他们总是说我不好的地方。"

"不过爸爸今天发现一个小朋友在帮你说话，他是谁啊？"

"他是我的好朋友，他经常帮我说话。"

"嗯，我觉得他真的很不错，能在这么多同学告你状的时候帮你说话，你应该怎么做才能对得住他的帮助呢？"

"我今后表现得更好些。"

通过这段对话，爸爸把孩子拉到了统一阵营里，让孩子知道爸爸在帮助自己解决问题，同时告诉孩子有好朋友在支持他，让孩子不要辜负好朋友的好意。这样一来，孩子今后改正错误的动力不是为了避免惩罚，而是出于好朋友的期望，就更有动力了。

当然，一次对话并不能完全解决孩子的问题，重要的是爸爸让孩子明白两件事：一是遇到问题时，爸爸不会站在孩子的对立面，而会跟孩子一起想办法解决问题；二是当孩子被众人推到角落的时候，其实孩子的身边还有支持他的力量，要珍惜这种力量，让自己变得更好。

当时我旁听了父子俩的谈话，特别感动。我首先感谢那个同学能帮孩子说话，这样的同学对我孩子来说如同天使般美好，其次感谢爸爸能够站在孩子的立场上教育孩子。

每天的日常生活都是教育的现场。家长遇到上述情况时，不要把孩子推出去，而要帮助孩子找到解决问题的动力和方法。下面附上孩子记录这件事的习作。

一件温暖的事

由于我在学校里经常会做一些在同学们看来很不好的事情，因此每当爸爸到教室接我时，大家都会跟他叽里呱啦地说我的事情，而且他们只说我的错，并不把事情说全面，这让我又气又难过。

有一天，爸爸又来到教室里接我了，像往常一样，大家还是一拥而上，争着跑过去，说我的坏话，告我的状。我心想："你们就想让爸爸揍我一顿。"爸爸只是催我整理书包，没有说话。我心想："爸爸会不会等我们一同出去后再批评我啊？完了完了。"这时，一个声音响了起来："他们都只为自己考虑，根本没把事情说全，他这几天的表现还算可以的。"顿时，我的心落地了，我抬头一看，是陈睿哲，我的好朋友，也是班里的语文课代表。他真不愧是我的好朋友，能在这么多人面前挺身而出，真让我感动。

回到爸爸办公室，爸爸并没有批评我，而是和我聊了聊陈睿哲，希望我改正错误，不要辜负陈睿哲的好意。陈睿哲虽然做的是一件小事，却让我感到很温暖。

家长发现孩子说谎时不要慌

有的家长发现孩子说谎了，往往很紧张："我家孩子向来很诚实，怎么学会说谎了呢？"

有一位家长的孩子已经上五六年级了，家长对我说："我家孩子从来不会说谎，他在我面前没有什么秘密，什么事都不会瞒着我。"事实并不一定如此。

儿童说谎的发展历程

研究发现，孩子在两三岁时就会说谎了。不到两岁的孩子尚处于蒙昧时期，孩子觉得别人和自己想的一样，自己看到的便是别人看到的。不到两岁的孩子是不会说谎的。

三岁以后，情况就不一样了。三岁的孩子已经明白，自己看见的情景别人未必能看见，所以可以在别人面前做小动作。比如，孩子偷偷地把糖果藏起来，过一会儿再吃，因为妈妈没看见。就是在这样的过程中，孩子的认知得到了进一步的发展。

说谎行为的背后

这里剖析一下孩子说谎行为的背后都蕴藏着什么。

首先，说谎者知道自己说的和事实是不一致的。比如，妈妈问哥哥糖在哪里，哥哥说糖被弟弟吃了，其实糖是被哥哥吃掉的。

其次，说谎者知道自己说的话是假的。比如，妈妈问哥哥糖在哪里，哥哥明明知道糖不是弟弟吃的，却说糖被弟弟吃掉了，但哥哥知道这话不真实。

最后，说谎者是故意这样说的。比如，妈妈问哥哥糖在哪里，哥哥为了不让妈妈发现糖被自己吃了，故意栽赃给弟弟。

儿童说谎与父母教养

儿童心理学家皮亚杰认为，儿童说谎是儿童的自我中心化思想与成人的约束相结合出现的现象。通俗地讲，就是孩子想做某件事情，但家长不允许，然后孩子就说谎了。比如孩子想吃一颗糖，家长觉得吃糖对孩子的牙齿不好，不允许孩子吃，孩子便偷偷地吃，家长询问他的时候，他矢口否认。

很多家长经常说："道理都懂，就是做不到。"孩子说谎这件事也是如此。有的孩子虽然明白说谎属于不好的行为，但是依然无法杜绝说谎。有的孩子虽然口口声声地说讨厌说谎，但实际上依然在说谎。

虽然说谎从侧面体现了儿童认知能力的进步，但是，经常说谎，或者在关键时刻说谎的孩子令家长头疼，比如在考试分数上说谎等。

研究表明，父亲的教育方式过于严厉，或者母亲对孩子过度干涉或过度保护，容易培养出习惯说谎的孩子。

如果父亲非常严厉，容不得孩子的行为有一丝差错，孩子在父亲面前就会小心翼翼，生怕做错了，但孩子总是做不到完美，当发生了某些差错的时候，孩子往往选择说谎。

为什么母亲的过分干涉或过分保护容易导致孩子说谎呢？这是因为，孩子知道说谎是一件非常不好的事情，并且努力克制自己不说谎，这就是孩子将外在观念内化为自己的行动准则的实践过程，在实践过程中，如果母亲对孩子过度干涉或过度保护，那么孩子很难进行进一步的实践，往往失去了把规则内化的机会。

奖励与说谎

研究发现，奖励和说谎行为有非常密切的关系。从某个角度讲，某些奖励会诱发违规和说谎行为。比如，家长答应孩子考到 90 分就奖励 100 元，结果孩子没有考到 90 分，但孩子很希望获得这笔奖励，结果有可能篡改分数。如果孩子为了获得奖励而说谎，那么家长可以改变教养方式，改变激励措施。

如果孩子在很小的年龄说谎，那么家长不要给孩子扣帽子，不要这样说："你怎么可以说谎呢？你一点儿也不诚实。"这其实给孩子贴上了不诚实的标签。

当第一次发现孩子说谎时，家长可以问问孩子为什么要说谎。孩子说谎往往是为了获得某个自己得不到的东西。这时，家长可以和孩子一起讨论通过哪些正当的途径来获得这个东西，这样一来，孩子就不会在说谎这条路上走得更远。

小孩子难免会偷吃家里的零食，难免会偷拿别人的玩具，家长不要过于紧张，一定要冷静处理。

家长的言传身教特别重要，大家还记得那个杀彘教子的故事吗？父母永远是孩子的榜样，不要对孩子说一套做一套。

孩子顶嘴怎么办？

养育孩子的过程中，家长经常会遇到孩子顶嘴的问题。该怎么处理呢？家长首先需要明白孩子为什么会顶嘴。

其实孩子顶嘴属于中性事件，孩子要长到一定年龄才会顶嘴，这是孩子独立意识出现萌芽以及独立思维能力发展的表现。家长之所以觉得孩子顶嘴是件不好的事情，必须进行处理，往往是因为感到自己被冒犯了。

孩子顶嘴是自我意识出现萌芽的表现

孩子小时候尚不具有独立判断能力，家长让做什么，孩子就做什么，孩子顶嘴的情况不是很多。

等到孩子渐渐长大，孩子认为自己是一个独立的个体，会发现家长的想法有时和自己的不一样，还会发现家长讲的话并不全对，于是提出自己的看法，开始质疑家长的话，就会出现不听话、顶嘴甚至吵架的现象。

有的家长为此苦恼不已，奇怪孩子为什么没有小时候懂事听话了。孩子是变得叛逆了吗？还是到青春期了？其实孩子顶嘴是在宣告青春期的到来，在宣告自己的"主权"。孩子需要在原本被家长遮蔽的心理空间里开拓出属于自己的"地盘"，如果家长的"势力范围"还像以前那么大的话，亲子矛盾就会产生。

孩子就像一棵小树苗，小树苗长大了，自然需要扩大生长的空间，这是一件好事儿，家长不需要刻意限制。

如何应对孩子顶嘴？

孩子顶嘴了，家长不要太在意。家长如果认为孩子顶嘴的目的是故意气自己，就会感到特别生气。家长如果认为孩子只是在寻求阳光雨露，寻求自己的一席之地，就会好受些。家长要用良好的心态面对因为"争权夺势"而变得咄咄逼人的青春期孩子。

有的家长会这样问："难道我任凭孩子和我顶嘴吗？难道那不是纵容吗？"

我的意思并不是任凭孩子和家长顶嘴，而是家长可以使用一些方法来避免亲子冲突。

首先，家长要尊重孩子，尊重孩子的生活节奏和行为方式，要改变和孩子说话的方式。在孩子小时候，家长不仅要培养孩子的好习惯，还要培养孩子的规则意识。也就是说，家长要在孩子小时候定好规矩，让孩子遵照执行，不要等孩子到了青春期和孩子计较鸡毛蒜皮的小事情。

和青春期或准青春期孩子沟通时，家长要用商量的语气和尊重的态度。也就是说，家长要把孩子当作生活中的一个朋友，这样家长的语气自然就变得柔和了。这个办法很管用，家长可以试试。

其次，孩子顶嘴了，家长不要生气，而要认真分析孩子顶嘴的原因。家长可以先让自己安静 10 秒钟，然后想想孩子到底在争取什么。家长只要想明白了，就不会那么气愤了，接下来就比较好处理了，这样孩子顶嘴的后果就不会被放大，家长和孩子之间的矛盾就不会进一步激化。

其实叛逆并不是孩子成长过程中必然的选择，如果父母给予孩子足够的自由和尊重，孩子顶嘴的现象就会慢慢消失，亲子关系就不会那么紧张了。

为什么如今的孩子越来越难管？

有位家长曾向我抱怨："为什么现在的孩子这么难管？为什么问题越来越多？"家长觉得自己小时候挺听话，总是对老师或父母言听计从，不敢说个"不"字。可是如今的孩子说不得，打不得，否则要么顶嘴，要么离家出走，甚至寻死觅活。

真的是如今的孩子难管吗？真的。不过家长不要奇怪自己的爸妈为什么能简单粗暴地把自己培养成材，而如今自己却需要兢兢业业、熬心熬力地陪娃学习。

🔊 教育跟时代密不可分

教育和大环境紧密相连。如今随着社会的发展，人权也得到了快速发展，没有哪一个人可以完全凌驾于另一个人之上，父母不能无视孩子的自尊，不能总是对孩子吆五喝六。如今的孩子生活在人与人相对平等的社会。孩子在家里看到的是爸爸和妈妈平等分工合作，在社会上看到的是同事平等分工合作，所以孩子往往会这样想："我不附属于任何一个人，我需要被尊重，我可以有自己的意愿。"

🔊 尊重和张扬让教育变得不简单

如今的社会，每个人都希望得到尊重和理解，很多人的个性比较张扬，孩子也会有自己的想法。孩子如果和家长沟通不愉快，就会觉得自己没有得到家长的理解和尊重，就会这样想："我为什么要听你的话？迟早有一天我会长大，那时候我就不用听你的了。"

在这样人人平等、张扬个性的社会里，家长不要指望孩子能够听话，就像不要指望一只活跃在山野里的小狐狸能温顺地待在自己怀里一样。孩子有个性意味着有自己的主见，有自己的主见意味着不盲从，不盲从意味着会独立思考，会根据自己的情况决定是否服从家长的指令。

孩子是时代的产物，我们生活在这个时代，需要接受这个时代的孩子。

我终于剪了娃的指甲

和大家分享一个我自己孩子的故事。某一天，孩子走到我面前，对我说："这几个指甲，你帮我剪了吧。"这句话带给我的兴奋不亚于获得大奖的兴奋。因为我家孩子从一岁半开始就没有让我剪过指甲，他的指甲都是拿来啃的……这里和大家谈谈如何顺利解决孩子啃指甲的问题。

孩子啃指甲的原因

孩子为什么会啃指甲呢？一般来说，孩子啃指甲的原因要么是缺乏微量元素，要么是紧张焦虑。

如果孩子啃指甲，家长就要带孩子去医院查一查微量元素。如果孩子缺乏微量元素，那就缺啥补啥。当初我也带孩子去医院检查了，结果发现孩子并不缺乏微量元素。一旦去除了生理因素，孩子啃指甲就和心理因素有关。

为了让孩子改掉啃指甲的毛病，有的家长会打骂孩子，或者会在孩子的指甲上涂某些东西，比如辣椒或药水等。这类方法属于厌恶疗法，往往治标不治本。因为这类方法会让孩子感到不舒服，甚至会让孩子的情绪变得更加紧张焦虑。每次啃指甲的时候，孩子就会联想到这些非常难受的感觉，就容易陷入恶性循环，结果要么孩子啃指甲的行为越来越严重，要么孩子虽然不啃指甲了，却产生了其他令家长头疼的行为，比如揪头发等。

家长如果遇到这样的问题，就要调整好心态，不要让自己的焦虑情绪影响到孩子，而且不要着急，不要限定在短期内解决问题。

我家孩子啃指甲的历程

我家孩子啃指甲的问题，差不多经历了五年才稍有改观。

当发现孩子啃指甲的时候，我意识到孩子有可能缺乏安全感，孩子啃指甲有可能源于分离焦虑。孩子往往会把这种焦虑反映在行为上，严重时会把手指甲啃出血，让人看了很心疼。这时家长千万不要责备孩子。

我尝试过很多方法，比如我曾对孩子讲，手指甲好看的宝宝别人才会喜欢，弹钢琴的小朋友不能啃指甲，这样太难看，可是这些话都不奏效。

我曾想过在孩子啃指甲之前就把指甲剪去，然而还没等指甲长到能剪的长度，孩子已经开始啃了。我还曾想过让孩子学会自己剪指甲，这样也许他就不啃了。可是孩子用指甲钳并不顺手，容易剪到肉，所以孩子根本不愿意剪。我很惭愧，自认为懂得很多育儿知识，却解决不好孩子啃指甲的问题。

其实孩子知道啃指甲不好，他会背着我藏在被子里偷偷啃。这期间，我能做的就是不刻意批评孩子啃指甲的行为，同时让孩子充分感受到妈妈的包容和爱。孩子啃指甲的行为往往是安全感缺失造成的，是内心焦虑的表现。

孩子虽然不停地啃指甲，但是从来没有因为啃指甲受到严肃的批评。就这样，孩子大概啃了五年时间，之后情况开始有转机。

有一天，我发现孩子的指甲长得比较长了，竟然没有被啃掉，就提议帮他剪指甲，可是他并不想让我剪，马上开始啃，我去拿指甲钳的速度远远赶不上他啃指甲的速度。于是我对他说："妈妈好想给你剪指甲，能不能留两个给我剪一剪？你想留哪两个给我呢？"

孩子给我看了两个手指甲，并答应让我剪。然而事情并没有那么顺利，等我来剪的时候，他已经啃掉了……后来，就是这篇文章开头的那一幕，孩子的指甲长得已经比较长了，他主动对我说："这几个指甲留给你剪吧！"于是我认认真真地给他剪了 8 个手指甲和 10 个脚指甲。

◀ 成长带来的启示

我对孩子啃指甲这件事有以下感受：

首先，如果孩子的创伤已经形成，那么与其追究当年是如何造成创伤的，不如以后好好弥补。

其次，孩子的行为问题往往没有什么特效药。一般来说，所谓的特效药往往治标不治本，有可能从表面上看问题解决了，但孩子内心的创伤并没有得到修复。想要解决孩子的行为问题，要从孩子的心理着手。

孩子在成长过程中难免会出现一些状况，家长需要把自己的紧张焦虑转化为解决问题的动力。家长做好自己该做的事，总有一天，孩子的成长进步会让家长感到惊喜。

第三章

陪伴是最有效的教育

　　家长是否经常对孩子说像"等下次有空就陪你""等我忙过这段时间就陪你"这样的话？我们总以为人生路还很长，可以陪伴亲人很久很久。但实际上，事情永远忙不完，孩子却飞快地长大了。有时候我们还没缓过神来，孩子已经不愿意再跟我们交流了。等待无法让孩子感受到家长的爱，也无法让孩子在成长的道路上得到家长的帮助。孩子想让家长做的事很简单：送孩子上学，或者陪孩子吃顿晚饭。教育，是在日常陪伴中发生的，爱和温暖是在陪伴中产生的。

再忙也要管孩子

我和家长讨论孩子的情况时，有的家长会这样说："老师，我实在太忙了，没时间管他啊！等忙完这一阵可能有时间，我再放点儿精力在他身上吧！"我想："你现在没时间管孩子，今后就能有时间了？"

有的家长会这样说："生存不易啊！打拼太辛苦了，哪里还顾得上孩子啊！"其实这些话我都能理解，但这不是家长不管孩子的理由。

🔊 不为自己找借口

孩子的表现和父母的付出是密切联系的。如果孩子在学校里表现好，家长就会觉得自己的教育有成效，就愿意在孩子身上付出更多的精力。家长付出的精力越多，孩子的表现往往就会越好，这样就形成了良性循环。

恶性循环往往是这样形成的：孩子天资普通，在学校里表现得不理想，家长经过一番努力之后发现孩子没什么起色，就放弃了努力，孩子的表现越来越差，家长时不时地被老师约谈，特别怕去学校，就回避老师，回避孩子的问题。有的家长把自己的精力放在了工作上，常常说："工作忙。"家长对孩子疏于管教，孩子的表现往往越来越差。

有的爸爸和老师讨论起孩子的教育时，经常这样说："老师，妈妈管孩子比较多，我工作忙，顾不上管孩子。"给孩子提供良好的物质生活固然重要，但是父母高质量的陪伴能奠定孩子一生的精神基石。

🔊 相信爸爸一定能抽出时间陪孩子

爸爸真的忙得连家都不能回了吗？真的忙得连跟孩子讲话的时间都没有吗？爸爸如果不是这样忙，那么肯定有时间陪孩子。

孩子每天需要家长陪伴多久呢？如果家长做不到每天抽出一两个小时陪孩子的话，那么每天能抽出 20 分钟也可以。家长可以把手中的手机放下，用看手机的时间陪陪孩子。

家长陪伴孩子 20 分钟可以做什么呢？可以陪孩子听写，可以听孩子讲点儿笑话，可以陪孩子打球，可以和孩子聊聊理想。做这些事不需要多少时间，这才是有效陪伴。

家长可以在晚餐时温馨地和孩子聊天，接送孩子时亲密地和孩子谈话。陪伴孩子不需要总是一本正经，不需要特意安排时间，可以把打游戏、追剧的时间用来陪伴孩子。

如果说"子欲养而亲不待"是子女的悲哀，那么家长某一天觉得自己终于有空陪孩子了，孩子却不需要家长陪了，也是一种悲哀。

孩子的成长是等不得的。孩子从小就需要家长的陪伴，孩子需要家长听自己讲笑话，陪自己玩游戏，听自己讲理想，教自己做题目。某一天回眸，家长会发现，那个呆萌可爱的孩子已是翩翩少年。时光，留也留不住。

家长可以把自己的时间表梳理一遍，要在时间表里留出陪伴孩子的时间，这是给孩子的时间，也是给家长自己的时间。

我都推掉饭局陪你了，你怎么还是不懂事？

放学的时候，孩子们陆续被家长接走。有的家长一接到孩子就开始关心地问："今天在学校怎么样呀？有没有新鲜事呀？"有的孩子一见到家长就开始叽叽喳喳："妈妈，我们班里今天……"放学时的校门口总是充满欢乐的。上一天学了，孩子们很想快点儿回家，和爸爸妈妈待在一起，这是孩子基本的情感需求。

忙似乎是很多家长的常态，忙于生计，忙着工作。哪个家长不希望自己既工作顺利，又能兼顾孩子呢？家长忙于工作是为了给孩子提供更好的生活条件。有位爸爸工作很忙，他的孩子有时候状态不好，我和这位爸爸联系，爸爸急匆匆地回信息："老师，他是不是又不乖了？他哪里不乖你跟我说，我回去揍他。"

其实孩子的状态往往很难量化。老师能够通过观察发现，某个孩子最近的情绪不太好，比如不太爱说话，下课后不和同学们玩游戏……这听上去并不像是特别严重的事，所以家长听了老师的话之后并没有在意。往往就在这样的小事中，孩子正在慢慢发生改变，直到问题爆发的时候，家长却很难找到问题的根源。

有个孩子经常撒谎，我跟孩子爸爸沟通了这个问题，希望爸爸多陪伴孩子，找到原因后再想办法纠正。这位爸爸很着急，推掉了饭局，接孩子放学，陪孩子做作业。后来，爸爸会在孩子生日那天抽空回家陪孩子过生日。可孩子依然时不时撒谎，爸爸很生气："你看，我都推掉饭局来陪你了，你怎么还是这么不懂事？！"

🔊 教育在陪伴中进行

教育是在陪伴中进行的。孩子的成长过程是一个试错的过程。孩子做对了，父母及时肯定孩子的行为，并给予鼓励，孩子好的行为就能被强化；孩子做错了，父母及时发现并提醒孩子，孩子就能够认识并改正错误。

如果家长没有及时发现和纠正孩子的小错误，等到孩子的小错误积累成大问题，那么家长期望用一个小时的时间去解决问题是不现实的。问题是通过日积月累形成的，自然无法用一个小时就得到解决。

上学和放学的路上，父母和孩子一起聊聊天，就是在进行交流；吃饭的时候，父母和孩子聊一聊，就是在进行教育。

有的家长常年在外面忙碌，到了节假日，回家和孩子聊天，孩子因为不知道该和家长聊什么，所以不想说话。家长会说："你一点儿也不懂事，怎么不和我说话呢？"到底聊什么呢？聊孩子的同学吧，家长根本不认识孩子的同学；聊学校里的趣事吧，家长连孩子的同桌是谁都不知道；聊最近学了什么儿歌吧，孩子已经从幼儿园毕业了……

家长和孩子的亲密关系不是通过节假日时送孩子礼物建立的。有的家长觉得生活要有仪式感，于是牢牢记住孩子的生日，在孩子生日那天送给孩子一个大大的礼物，逢年过节时带孩子出去旅行游玩，在孩子取得好成绩时给孩子奖励。但是，建立仪式感的前提是日常生活的朝夕陪伴，没有日常生活的陪伴，仪式就如同弥补亲情的代名词。经年累月的陪伴缺失，用几次仪式就能弥补吗？

也有很多家长知道孩子班上的"搞笑大王"是谁，了解孩子最近的学习状态，知道班里最近发生了什么趣事。这些家长肯定拿出了很多时间陪伴孩子。一旦孩子出现一点点异常，家长就能及时发现，并及时帮助孩子。生活中那些看似平淡的上学放学路上时光、吃饭或逛超市的时光，都饱含着深情。

🔊 时光很匆忙，童年很短暂

有的家长觉得日子还长，将来有很多时间教育孩子，期待奇迹在将来的某一天发生，期待孩子在将来的某一天突然开窍了，突然变得爱学习了，突然变得优秀了。

孩子成长的速度远比家长想象的速度快。某一天，孩子的个头超过家长了；某一天，家长看不懂孩子的作业题目了。这时候家长才想要帮助孩子就很难了，而且后悔当初没有培养孩子良好的学习习惯，后悔当初没有多陪陪孩子。

孩子的成长是个循序渐进的过程，在这个过程中，孩子的行为需要受到家长的约束，在家长的帮助下，孩子的思想逐渐变得成熟。孩子的好习惯和好成绩是一点一滴积累起来的。如果家长缺席了孩子重要的成长阶段，日后弥补起来就比较困难。

家长不要对孩子说忙，毕竟家长这几年的陪伴奠定了孩子人生的基础。家长也不要在教育孩子这件事上偷懒，毕竟孩子最渴望得到家长的帮助。温暖，藏在碎碎念中。教育和爱，存在于日常陪伴中。

为何要让孩子和父母生活在一起?

留守儿童不仅出现在偏远的农村，也出现在城市。城市留守儿童的父母工作往往比较忙，要么开公司或工厂，要么常年在外地工作，把孩子放在爷爷奶奶家，或者放在托管班。孩子虽然在物质上不缺什么，但在生活上缺少父母的照顾和爱。

有的家长是这样考虑的：工作必不可少，也不能亏待孩子，所以把孩子安顿在爷爷奶奶家里，给孩子很多零花钱，给孩子买很多东西，用这样的办法来弥补孩子。有的家长会把孩子送到托管老师家里，全程托管给老师，老师来照料孩子的学习和生活。

还有一种情况，父母离婚了，原来的家庭解体了，孩子跟着亲生父母的一方进入另一个完全陌生的家庭，和继父或继母生活在一起。一个生活在重组家庭的孩子，和生活在正常家庭的孩子相比较，生活状态是有差别的。

🔊 陌生环境的生活体验

我小时候曾有过这样的体验：父母可能有急事，或者出现特殊情况，把我送到朋友家或者亲戚家住几天。那几天我会产生很不自在的拘束感，虽然朋友或亲戚对自己很好，但我会感受到这种环境带来的压力，无法像在自己家里那样轻松自在。如果我被父母送到了托管老师的家里，那么我感受到的压力可能比在亲戚家更大一些。

在这样的环境下，虽然周围的每一个人都对我和颜悦色，但我并不能像在父母身边那样撒娇，不能想吃什么就吃什么，不能想拿什么就拿什么，做任何举动之前都要掂量一下。就像林黛玉初进贾府时一样，虽说是在自己的外祖母家，但她处处留意，事事小心，生怕做错了什么。贾母搂着她虽说是像对心肝宝贝一样疼爱，但黛玉终究是不敢放开自我的。

我当初在这样的环境下仅仅生活了短短几天，有的孩子不得不长期面对这样的生活。

🔊 长期生活在陌生环境对孩子产生的影响

长期生活在陌生环境究竟会对孩子产生什么影响呢？先来了解一下身体对抗压力的方式。身体感受到压力的时候，会释放出一种叫作皮质醇的激素，这种激素能够为我们的行动提供能量，也能提高我们的警觉水平。但是，皮质醇会抑制身体的发育，损害身体的繁殖机能。

如果一个人偶尔面对压力，那么皮质醇激素能够起到对抗压力的作用，但是如果一个人长期面对压力，身体就会受到损害，这对于成人和孩子都是一样的。

科学家以某些村庄的儿童为样本，研究了他们唾液中的皮质醇含量，发现那些父母都健在，并且和父母生活在一起的孩子皮质醇浓度较低，而与单亲妈妈生活在一起的孩子皮质醇含量比较高。如果孩子除了和单亲妈妈生活以外，还和其他近亲，比如外公外婆等，生活在一起的话，孩子的皮质醇含量就会低一点儿。和继父以及半同胞生活在一起的孩子的皮质醇含量往往特别高。

什么叫半同胞？半同胞指的是同父异母或者同母异父的兄弟姐妹。全同胞指的是同父同母的孩子。

从上面的研究中我们可以发现，近亲有助于减少孩子生活的压力。孩子如果跟继父母一起生活，就可能会面对亲生父母和继父母之间的争吵，家庭内部的矛盾往往比较多，孩子和半同胞之间发生矛盾的概率会比跟全同胞之间发生矛盾的概率更高。孩子如果跟着亲生母亲进入继父家庭的话，就可能会面对完全陌生的祖辈，就会承受更大的压力。如果孩子继续和自己的亲生祖辈生活在一起，那么即使面对的是陌生的继父母，压力也会减轻很多。

家长不要忽视孩子的生活环境。家长只看到周围的人对孩子很好，就想当然地以为孩子的生活状态比较理想，实际上忽视了孩子的主观感受。有些事可能只有近亲才能做到，这是血缘关系带来的自然而然的保护，也是我们所说的爱。

如果孩子长期处于有压力的环境中，皮质醇的分泌就会很多，进而有可能破坏成年后的压力应对系统。过早承受过多的压力容易让孩子失去本应有的调节能力。

有的家长即使离婚了，也要给孩子营造一个有更多近亲的生活环境。有的家长工作很忙，想把孩子送到完全陌生的环境，请三思而后行，家长的一个决定往往会影响孩子的一生。

孩子这么优秀，你怎么舍得只当观众？

游泳馆里，有的家长在孩子上游泳课的时候等在泳池的旁边，或者玩玩手机，或者追追剧，偶尔抬头看看泳池里的孩子。我和一个家长攀谈起来："孩子学游泳，你怎么不下水玩玩？"

"我不会游。"

"可以跟孩子一起学嘛。"

"我哪有那心思啊？我学了也没什么用，孩子以后考试或生活中能用得到。"

这代表了一部分家长的想法：孩子还小，需要学习很多本领，而家长已经老了，这些本领对工作没有什么帮助，如同浪费时间。

🔊 家长要成为孩子的同行者

在应对某项考试的时候，我们往往需要一个同伴，因为一个人往往难以坚持下去，而同伴能起到很好的督促或帮助的作用。孩子在学习某项技能时同样会出现无助或畏难情绪。技能的习得往往需要长时间的枯燥练习。孩子还小，意志力不足，再加上某些学习项目并非出自孩子的意愿，也没有伙伴一起学，孩子就会觉得非常枯燥单调。这就是孩子在学习之前信誓旦旦地向家长保证一定会努力学习，而学了一段时间后就想放弃的原因。

家长可以成为孩子学习道路上的陪同者和榜样，不要只做一个旁观者。

有的家长看到孩子学习取得了好成绩，便欢欣雀跃，告诉孩子："你好好学，爸爸妈妈再苦再累，也觉得很值得。"一旦孩子出点儿差错，有的家长就毫不客气地批评孩子："我平时那么辛苦地赚钱，连双休日也不能休息，不停地带你上辅导班，还要等你那么久，你却不用心学习。"

家长可以有效地利用带孩子上辅导班的时间，让等待孩子的时间变成自己学习的时间，变成和孩子共同学习成长的时间。对于孩子而言，家长的陪同和示范是很珍贵的。

与孩子一起成长

在学习一项技能时，家长如果能够快速熟练地掌握这项技能，就能成为孩子的陪伴者和指导者。家长即使和孩子一样迟迟入不了门，也没有关系，可以和孩子一起商讨，一起克服困难。我相信这个过程能让孩子更快地成长，而且记忆深刻。

孩子往往不会介意家长成功与否，只会在意家长能否陪伴自己一路走来。亲子共同体验才是高质量的陪伴模式。当练习枯燥的钢琴指法时，家长定好闹钟先开始练习，孩子就自然而然地跟着练了。当画一幅长达数小时的画时，家长坚持画完，孩子就会被家长感染，一起坚持画完。当家长养成每天阅读的习惯后，孩子就会静下心来沉浸在书中的世界。

陪伴孩子的过程就是家长言传身教的过程。养育孩子的真正意义并不是把孩子培养成自己期待的样子，也不是让孩子成为十全十美的人，而是家长参与了一个生命的成长。

没有一个人天生会做家长。我们如果愿意和孩子共同体验，共同成长，共同经历失败和成功，就能感觉到陪伴的奇妙。这是一个小生命给予我们的意义。让我们和孩子一起体验成长中的苦与乐。

孩子这么优秀，家长怎么舍得只当观众呢？

玩亲子游戏是理想的陪伴方式

有的家长认为生二胎的主要原因是给孩子找个同伴，可以一起玩儿。其实孩子不仅需要和同伴一起玩游戏，也需要和家长一起玩游戏。

"啥？孩子已经这么大了，都快跟我差不多高了，我还要跟他玩游戏？"

"啥？我都一把年纪了，还要跟他玩游戏？"

"啥？玩游戏？老师，你能推荐几种好的亲子游戏吗？除了打球下棋以外，我还能跟他玩什么呢？"

有的家长每天对孩子吼："你能不能快一点儿啊！""你赶紧去看书吧！""你赶紧洗洗睡觉！""你抓紧时间复习！"孩子在家长的催促下不停地答应："好的，我知道啦！""我马上去做！"除了催促孩子以外，家长还能和孩子一起做什么呢？是不是应该有别的内容？孩子整天都在执行家长的各种命令，而家长总是在像复读机似的发号施令。

我们似乎忘记了孩子还是个小婴儿的时候，我们是怎么逗他笑的。我们似乎忘记了孩子刚刚开始蹒跚学步的时候，我们是怎么一遍又一遍地和孩子玩走过来扑到怀里的游戏的。

孩子渐渐长大，这种游戏和欢笑渐渐退出了我们的生活，我们变得越来越严肃，孩子变得越来越深沉。我们与孩子之间的日常交流往往仅限于语言沟通，我们不免感慨："孩子和我的交流越来越少，我们之间的沟通越来越困难。"

🔊 亲子游戏没有固定模式

人与人之间的沟通，除了语言交流以外，还包括肢体上的交流。家长有多久没拥抱过孩子了？有多久没和孩子一起在草地上翻滚打闹了？有多久没跟孩子玩摔跤、呵痒痒的游戏了？有的家长也许觉得这些游戏很幼稚，但这些看似幼稚的游戏能让亲子沟通更顺畅，能让孩子的心情更放松。

我们给孩子买来一个玩具，往往按照玩具厂家预设的玩法玩。我们从各种渠道找来亲子游戏，往往遵循游戏设计者的规则玩。这样玩，我们只是游戏的执行者，没有在游戏中体现自己的创意。

理想的玩法是家长和孩子在一起随意玩一个让双方都开心的小游戏。和小一点儿的孩子玩肢体游戏，会让孩子特别开心。大一点儿的孩子往往喜欢肢体接触游戏、碰撞游戏和力量对抗游戏。

亲子游戏可以让孩子学习把握打闹的分寸

孩子之间难免会打闹，一不留神，甚至会升级为打架。这往往是因为孩子在打闹过程中不知道怎样控制自己的力量，容易在不知不觉中升级为打架。

在有二宝或三宝的家庭中，孩子不仅需要兄弟姐妹间的玩耍陪伴，还需要父母的游戏陪伴。兄弟姐妹难免打打闹闹，甚至会让矛盾升级。和孩子一起玩耍时，父母就是孩子掌控力度的榜样。虽然父母的力气比孩子的大很多，但是父母可以做到在游戏中不伤害孩子。孩子在和父母玩耍的过程中能向父母学习把握打闹的分寸。

有的家长觉得和孩子打打闹闹表现不出家长的权威。有位家长对我说："我是妈妈，我总要在孩子面前有威严啊！所以我很少笑。"

家长的确需要在孩子面前有威严，但家长的威严不是靠板着脸赢来的，而是靠家长说话算话，说到做到赢来的。孩子明白自己需要遵照执行父母的指令。

和孩子一起玩耍的目的是让孩子亲近父母，这是父母和孩子联结生命的理想方式。

有的妈妈这样抱怨："我能和孩子玩什么游戏啊？他坐在那里，好像并不需要我。"这往往是因为孩子以前来找妈妈玩的时候，妈妈看上去不愿意陪孩子玩。妈妈如果多陪孩子一会儿，就能慢慢地了解孩子想玩什么，就可以和孩子一起玩些游戏。时间久了，亲子关系就会得到改善。在床上开心地打闹，就是一种特别有意思的亲子游戏。在这个游戏中，家长和孩子都能感受到双方身体的触碰，能在身体的触碰中消除很多隔阂。

放下顾虑和身段，每天和孩子开心地玩一次游戏，哪怕只有十几分钟，让孩子真切地体会到家长的体温和力量，这是孩子成长特别需要的营养。

冷漠比打骂更伤人

现如今，家长的教育理念越来越先进，打骂孩子的现象越来越少。有一种行为会对孩子造成比打骂更严重的伤害，那就是漠不关心。

有一个孩子写了一篇习作，能给我们一些启发。这篇习作讲的是大家在一次考试中考砸了，在回家路上，同学们纷纷想对策，考虑回家怎么做才能不挨打、不受罚，但是不管同学们用什么方法，都没有逃脱父母的火眼金睛，都被父母责罚了。结果作者回到家，父母正在为家事争吵，他忐忑不安地拿出卷子，让父亲签名，父亲拿过卷子，连看都没看就签上字给他了。他是这一群同学中唯一一个没有受罚的，他关上房门，趴在床上哭起来，他在习作中这样说："他们如果真的爱我，就应该管管我呀！"

从这篇文章就能看出，孩子害怕家长打骂，更害怕家长对自己漠不关心。有的孩子做错事了，家长便不理会孩子。家长会这样想："孩子犯错了，我不打孩子已经很客气了。"还有一种情况，孩子想和家长说件什么事，家长忙着工作，就对孩子说："走开走开，别烦我。"这样冷漠的家长没有动怒，也没有惩罚孩子，但会把孩子的心推得离自己很远。

🔊 冷漠是另一种形式的暴力

家长平时陪伴孩子学习，监督孩子写作业，有时候难免训斥孩子，甚至发生争吵。有的家长觉得这样极大地影响了家庭的和谐，非常羡慕那些不和孩子发生冲突的父母。家长和孩子发生冲突未必都是坏事。家长对孩子的冷漠和无视，如同杀伤性更强的武器，会在无形中损害孩子的尊严和亲子关系。

家长对孩子的冷漠和无视属于冷暴力。冷暴力的表现形式包括冷淡、轻视、放任、疏远和漠不关心等。家长的冷暴力容易让孩子的精神或心理受到伤害。冷暴力带来的伤害比打骂对孩子产生的伤害更大，但并不一定马上显现出来。

首先，家长如果对孩子不闻不问，就容易让孩子觉得家长根本不爱自己。更糟糕的是，孩子还会觉得自己不值得被爱。一旦"我不值得被爱"的信念在孩子心里驻扎，孩子的自信心就很难建立起来，这对孩子一生的成长非常不利，孩子遇到人生道路上的困难和挫折时很容易放弃。

其次，如果家长长期用冷漠的态度对待孩子，孩子就会慢慢习惯这样的相处方式，就会失去倾诉的愿望，就不会再到家长那里寻求温暖，就会用同样的方式对待家长。渐渐地，亲子间的互动和沟通就会减少，亲子关系就会受到影响。

最重要的是，孩子如果长期遭受冷暴力，就会变得畏缩，变得不愿意和他人沟通，甚至因为情绪没有合理的出口而将所有的不满都指向自己，容易患上心理疾病。冷暴力给孩子造成的伤害很难修复，给孩子带来的负面影响非常大。

父母不应该推开孩子

孩子难免会有不好管教的时候，比如容易愤怒、不守规矩等，任凭家长怎么劝说，孩子都不愿意改正。和孩子发生多次冲突之后，有的家长开始缴械投降："我管不了你，我躲着你总可以吧？"

等孩子长大一点儿，有的家长开始物色寄宿学校，让孩子离自己远远的，眼不见为净，希望学校老师来塑造孩子。殊不知，这样做只是把一枚即将爆炸的炸弹包裹了起来，该爆炸的时候还会爆炸。

家长一次次把孩子从身边推开，不愿直面孩子的问题，从表面上看，家里没有争吵，没有惩罚，没有孩子的哭闹，但这比打骂、争吵还要糟糕。

父母的无视对于孩子来说是莫大的耻辱。被父母无视的孩子往往觉得自己无药可救，连父母都不愿理睬自己，那么自己的存在有什么意义呢？在父母的无视下长大的孩子特别缺乏安全感和温暖。任何时候，家长都不要对孩子使用冷暴力。

父母不要因为孩子犯错而不理孩子。孩子犯错了，家长感到非常生气，但是又不能打孩子，于是选择不回应来惩罚孩子，这就是在使用冷暴力。这个时候，孩子会不停地缠着家长，想让家长开口，发现无望后就一个人落寞地待着，孩子会因为父母的冷漠产生不安全感。

孩子犯错了，家长可以表达自己的情绪，可以这样告诉孩子："你做错了事，我感到很不愉快，我认为你需要反思自己哪里做错了，我也需要一些时间来平复情绪。"这时候，孩子就能够正确对待这段沉默的时光，家长也有时间来平复自己的心情。

父母不要心不在焉地陪伴孩子。很多家长明白陪伴的重要性，也在努力陪伴孩子。有的家长一边陪伴孩子，一边玩手机，显得漫不经心。试想一下，我和伴侣在一起吃饭，我专心地和他讲话，他却一边玩手机一边含糊地回应我，我就会有一种不被重视的感觉。孩子也是如此。

不管工作有多忙，手机有多好玩，家长都要用心地陪伴孩子。爸爸哪怕当时真的很忙，没空陪孩子，也要转过身来，看着孩子的眼睛，对孩子说："爸爸现在有急事要处理，处理完了再跟你聊天好吗？"每个人都想被好好对待。只要家长态度诚恳地和孩子说话，孩子就能感受到被尊重。

父母不要忽视孩子的情绪。有的家长习惯关注要解决的问题，往往没有关注到孩子的情绪。孩子被别人欺负了，之所以哇哇大哭，并不一定是因为被打得有多疼，而是因为心里的委屈没处宣泄。家长不要只想着如何解决问题，还要听孩子倾诉，听孩子慢慢地讲完整件事情，要感知到孩子的情绪，理解孩子的心思。家长简单敷衍的态度会让孩子失去表达的愿望。

若想毁掉一个孩子，无视是一个好办法。我想，父母一定不忍心这样做。

缺爱的孩子，有多可怕？

我曾读过一则令人震惊的新闻，一个 12 岁男孩对母亲的管教方式不满，就把母亲杀害了。

有的家长认为养育孩子的过程很简单，把孩子生出来，保证孩子的吃穿用度，供孩子上学，往往忽视了孩子的精神需求。

有的家长在孩子出生之后就把孩子交给老人看管，外出打工。家长在外打工的确非常艰辛，但是把孩子放在老家，一年之中只能见孩子一两次，一看到孩子哪一点儿做得不好就打孩子，这样做并不好。有的家长觉得只用把孩子养大就行，不要求孩子在学业上有多大的成就，但是，家长如果连最起码的关心和爱都给不了孩子，那么对孩子的成长非常不利。

孩子渴望得到父母的爱，渴望得到父母的关注与认同，父母应当多多关注孩子的精神需求。

残忍的孩子缺失的是爱

那个弑母的男孩两岁的时候，他的父母就外出打工了，把他留给爷爷奶奶看管。男孩 8 岁开始抽烟，后来妈妈为了改正他抽烟的恶习，就用鞭子抽打他，结果他用菜刀砍了妈妈二十多刀。我们只要认真分析一下就不难发现，这场悲剧完全可以避免。

父母即使外出打工，也要经常和孩子进行感情上的交流。当然，深厚的感情交流是建立在朝夕相处的日常生活中的。在孩子小时候，父母最好能和孩子一起生活，陪伴孩子长大，不要错过孩子的成长关键期。孩子需要父母参与的时间其实并不长。

孩子如果长期缺乏父母的关爱，往往就会变得冷血无情，或者懦弱胆怯。一个人如果无法给予孩子足够的爱，那么最好不要急着生孩子，因为生孩子意味着一份沉甸甸的责任，意味着对一个生命的承诺。

偷得到物质，偷不到爱

我曾经遇到一个男孩，他总是偷班里同学的东西，比如钱、文具、玩具等。

这个男孩的家庭虽然不是很富裕，但是并没到连文具都买不起的地步。每当男孩出现这样的问题，男孩的父母都会配合老师对男孩进行教育。尽管老师和父母都对男孩进行了教育，但效果并不明显。

我曾听说一个女孩有过多次偷窃的经历，女孩的父母对女孩有求必应，女孩并不缺什么东西，但还会偷东西。每次偷东西被发现后，女孩都信誓旦旦、痛哭流涕地保证自己会改。父母对女孩的教育非常严厉，但没有什么效果。

小孩子拿别人的东西不一定都是偷

上幼儿园或小学低年级的孩子拿别人的东西，不应该被定性为偷。这么小的孩子往往无法正确地分辨自己的物品和他人的物品，拿别人的东西往往只是出于喜欢，也许还不明白"东西是别人的，我不能拿"这样的道理。

这么小的孩子很容易内化家长对自己的评价，如果家长批评孩子偷东西，孩子往往就觉得自己真的偷东西了，觉得自己是小偷了。家长这样的评价不但不利于孩子改正错误，还会加深孩子的罪恶感，甚至会导致孩子再次出现这样的行为。

等孩子长大一些，到了能清楚地分辨出别人的东西和自己的东西的时候，家长可以细致分析孩子的偷窃行为。

一个人在童年往往会经历一两次拿别人东西的事。孩子看到别人的东西很好，就想拿回来，这是一种正常的心理状态。如果孩子只出现一两次这样的行为，家长就不必惊慌，只需要温和地教育孩子一番，让孩子不伤自尊地把东西还回去，相信孩子以后不会再出现这样的情况。

孩子反复偷窃的不同原因

有的孩子反复偷窃怎么办？每次偷窃之后都声泪俱下地悔过，家长以为孩子不会再偷了，然而，孩子很快故态复萌。家长需要认真分析孩子反复偷窃的原因，对症下药。

孩子反复偷窃的第一种原因是物质缺乏，家长很少满足孩子的要求。孩子看到别的孩子有个玩具，就向家长要求也买一个，家长不同意买，久而久之，孩子就容易萌生偷的想法。

针对这类情况，家长可以适度满足孩子的物质需求，不要总是一味拒绝孩子的要求。适度满足并不是有求必应，家长可以适当满足孩子合理的要求。

孩子反复偷窃的第二种原因是嫉妒，比如同伴拥有了自己没有的东西，并且曾在自己面前炫耀，孩子有可能产生把东西偷过来的想法。

嫉妒是每个人都会有的心理。家长可以和孩子好好聊聊这种心理状态，让孩子明白自己是被嫉妒的情绪控制了。和孩子交流的时候，家长要接纳和理解孩子的想法，这样孩子才有可能从交谈中获益。

孩子反复偷窃的第三种原因是希望获得同伴的接纳，比如孩子结交了坏朋友，这些坏孩子会教唆孩子去偷窃，孩子只有偷了东西才能被那些坏孩子所接纳。

这类行为往往发生在青春期。青春期孩子需要同伴，需要获得归属感。家长要关注孩子的交友情况，同时给予孩子正确的指导，从而纠正孩子的偷窃行为。

孩子反复偷窃的第四种原因是希望寻求刺激。偷东西是一件非常刺激的事情，孩子第一次偷窃时会感到心惊胆战，后来再偷窃就是为了追求刺激。

孩子反复偷窃的第五种原因是希望吸引他人的注意。这类孩子常常想出很多办法去吸引成人或同伴的注意，往往选择偷窃、打架等不良行为。

孩子偷的是关注和爱

孩子偷窃的第三种和第五种情况是孩子寻求关注和爱的表现。有的家长会问："孩子什么东西都不缺，孩子想要什么，只要跟我说，我就会给孩子买。孩子为什么要去偷呢？"也许孩子真正想偷的不是东西，而是家长的爱。

每当发现孩子偷东西后，家长都会把注意力放在孩子身上，不管是打骂孩子，还是劝说孩子，家长的眼里只有孩子，没有别的东西，这时候家长就不会去玩手机或游戏了。

孩子发现，考了100分，家长可能关注的只是试卷；考了第一名，家长可能关注的只是成绩或班级通知。孩子尝试用很多方法唤起家长对自己的关注，结果发现偷窃的行为能够快速引起家长的关注。

孩子最需要的是父母的关注。如果家长有很长时间没有关注过孩子，没有注视过孩子的眼睛，没有认真地听过孩子讲话，那么孩子有可能用一些极端行为来引起家长的关注。

孩子总偷东西，也许他真正想偷的是家长的爱。

陪伴孩子的时候，请放下手机

某一天，坐地铁时见到的一幕，让我很无奈。

坐在我身边的是一对母女，小女孩大概上二年级，妈妈先和孩子一起背了一首古诗，让孩子在自己的手心里默写了几个生字，画面很温馨。后来妈妈玩起了手机，小女孩觉得很无聊，就对妈妈说："妈妈，你不要看手机了。"这时候妈妈说："我不是在看手机，我是在玩手机。"

接下来小女孩嘟囔了一句，妈妈的回复让我很无奈："我的手机是我自己买的，你要是有钱也买啊，我一定不会拦着你。"说完这番话，妈妈便低着头自顾自地玩起了游戏。小女孩无聊地坐了一会儿，发现妈妈在玩游戏，于是开始旁观。这时旁边一个年龄相仿的小男孩也开始围观女孩妈妈玩游戏。

小男孩看了一会儿，便走回自己的妈妈身边。小男孩的妈妈也在自顾自地低头看手机。小男孩和妈妈说了半天话，妈妈每次的回复都是"哦"。小男孩又跑过去看小女孩的妈妈玩游戏。

我真的很希望这两位妈妈能放下手机，和孩子说会儿话。

📢 低头族父母的陪伴

每每看到这样的画面，我都觉得很无奈。父母肩负着养育孩子的重任，但不需要通过任何考核就可以上岗。假如父母需要通过考核才能上岗，我特别希望有一项考核，那就是能否一心一意地陪伴孩子。

如今智能手机盛行，人们对手机的依赖越来越严重。父母在陪伴孩子的时候，最好不要看手机。

如果家长总是低头看手机，那么身边的孩子会有什么感受呢？想象一下，你和朋友一起聚会，朋友一直在看手机，对你说的话心不在焉，你的感受是什么？我想，过不了多久，你就想和朋友说再见，你会忍受不了这种对话模式，忍受不了朋友漠不关心的态度。孩子能忍受吗？当然不能。

孩子会有自己的小心思："爸爸妈妈那么爱玩手机，我也想有一个自己的手机。"家长在潜移默化中做着孩子的榜样，孩子就会认为玩手机是一件很好玩的事情。

有的孩子自从玩上了手机，学习成绩开始下滑。时常有孩子因为父母收走了手机而想不开的新闻。我在地铁上看到的这两个孩子长大后会怎样呢？

我想，这两位妈妈如果一直是这样的话，就会错过孩子很多美好的时光，就会错过孩子的很多成长瞬间。有的家长会说："我虽然拿着手机，但是也在陪孩子啊！"其实这样的陪伴并不算高质量陪伴。

有的家长为孩子玩手机成瘾发愁，也许孩子当初就是看着家长玩手机长大的。

远离手机，全心陪伴

虽然戒掉玩手机的毛病很不容易，但是在陪伴孩子的时候，家长一定要放下手机。

家长下班回到家陪伴孩子时，可以把手机放在离自己远一点儿的地方。如果工作需要，就把手机设置为有声音的提醒，如果单位有事，就可以及时处理。和孩子一起外出时，家长可以把手机装进口袋，不要把手机拿在手里，别总看手机，要多和孩子聊聊天。

时光飞逝，家长能陪伴孩子的时间只有短短几年。家长把自己的时间都给了手机，等抬头想看看自己的孩子时，孩子已经不想再跟家长交流了。如果家长总是在孩子面前玩手机，孩子就会在潜移默化中爱上玩手机，甚至容易成瘾，后果很严重。

我很想对家长说："陪伴孩子的时候，请放下手机。"

父母不让孩子玩手机，孩子就威胁父母，怎么办？

在家长心理咨询热线中，有不少家长咨询的内容和手机有关。有家长一脸愁容地问："老师，对于孩子的手机问题，我该怎么办？"

有的孩子从小就喜欢要大人的手机玩。孩子很容易对手机上瘾，成年人也很难控制自己不玩手机。有的孩子看到家长限制自己玩手机，会这样威胁家长：

"如果你收我手机，我就不去上学了！"

"如果你拔网线，我就不回家了！"

孩子的一句话让家长感到束手无策。孩子的大脑皮层发育还不够完善，孩子敢豁出去，难道家长只能妥协吗？当然不！该怎样解决这个问题呢？

家长不要只关注孩子手机成瘾这个表面问题，而要思考孩子为什么敢威胁家长。孩子敢威胁家长有以下几个方面原因：

🔊 原因一：孩子瞧不起家长

孩子瞧不起家长的现象往往出现在青春期及青春期前期。孩子变得狂妄无礼，往往是家长娇惯溺爱的结果。追根溯源，孩子之所以如此，有可能是因为家长理解错了民主、平等、尊重的含义。

家长对孩子"讲民主"，并不是一味地忍让孩子。当孩子第一次因为家长不给买东西就撒泼打滚时，家长如果以妥协收场，就埋下了孩子日后冲家长嚣张怒吼的祸根。

很多家长有这样的疑惑："我明明很凶，打起孩子来绝不手软，为什么我的话在孩子面前没有分量？"这里要讲一讲凶和威严之间的区别。家长凶的时候，气势汹汹，跺脚敲桌，可是往往只能镇住孩子一时，孩子只是暂时被家长的气势吓住了。

威严并不是凶，有威严的家长不一定凶，但一定有原则。有威严的家长会温和地和孩子讲道理，但一定不会对孩子妥协。孩子并不会被有威严的家长吓住，但并不敢越界，因为孩子知道一旦越界就会受到惩罚。

家长可以思考一下，为什么自己说的话在孩子面前没分量，自己是从什么时候开始在孩子面前失去了威严。

如果孩子已经不把家长的话放在眼里了，那么家长需要的是团队的协助。家长如果能争取到另一半的支持，就会事半功倍。父母形成一股合力，就能逐渐扭转这种不利局面。

原因二：被宠爱的孩子有恃无恐

有的孩子知道父母爱自己，知道父母不敢拿自己怎么样，所以动不动就拿生命来威胁父母。这会让父母大惊失色，然后孩子的要求就被满足了。父母拿孩子没办法，只好对孩子妥协。这种不良习气很可能是在孩子小时候形成的，父母并没有意识到。这该怎么办呢？

妈妈可以这样告诉孩子："孩子，妈妈是爱你的，这没错。我担心你受到伤害，这也没错。可是你要通过伤害自己来威胁我，然后让你自己变得堕落，如果你这样的行为做多了，我就会被伤得体无完肤。妈妈曾经能够保护你，现在妈妈可能连自己都保护不了了。"

解决对策：帮孩子找到内在动力

如果一个人有自己非常热爱的事情，那么什么也阻挡不了他前进的脚步。有的孩子之所以沉迷手机，也许是因为学习太难、太累。家长首先要为孩子找到一些可以替代玩手机的事情，最好不要简单粗暴地说："不许玩手机，去做作业。"

家长可以这样说："先别玩手机，咱们去打会儿球。"家长可以多陪孩子打打球，就会让孩子觉得没有手机的生活照样很精彩，这要求家长自己首先放下手机。

家长可以帮孩子找到能给予孩子力量的事情，用这件事情产生的动力来促使孩子放下手机。有的家长说，孩子自从喜欢上玩手机，连门都不想出。家长可以向孩子提出这样的要求：每天要一起出去散步 15 分钟，或者每天要一起聊天 15 分钟。这时家长的心理预期不要过高，一定要坚持下来。时间久了，家长就会看到这样的 15 分钟能在孩子的生活中发挥巨大的作用。

家长要站在孩子的立场上，要理解孩子戒除网瘾其实很痛苦，要了解孩子需要哪些帮助，千万别再说这样的话：

"你怎么又开始玩手机啦？"

"你的作业做完了吗？"

"你这样看手机，眼睛会瞎掉的！"

可以换成这样的话：

"好像超过玩手机的约定时间了，你准备再玩多久？定个闹钟吧！"

"今天的作业哪一项比较难？你准备先做简单的还是先做难的？我能帮你做些什么？"

"经常上网会上瘾，我也有这样的感觉，咱们俩都把手机收起一个小时吧！"

家长说完就把孩子的手机和自己的手机叠在一起放起来，再设定一个小时的闹钟。定时很重要，家长不要用自己的主观感受去衡量时间的长度。

当孩子为了玩手机而要死要活的时候，家长要坚定自己的立场，要做到冷静且坚决。

帮助孩子戒掉网瘾是一项非常浩大的工程，如果家长没有坚定的意志力，做起来就有可能很困难。如果孩子的手机上瘾问题已经严重影响到正常的生活和学业，那么建议家长寻求专业人士的帮助。

第四章

心理健康才能阳光成长

孩子每天在父母身边做作业、吃饭、玩耍，父母时时刻刻都能看到孩子，可是，父母真的能理解孩子吗？真的能走进孩子的内心吗？有的孩子似乎得到了父母的关注，可是依旧孤独；有的孩子似乎不是很快乐，可是父母并不知道为什么孩子不快乐。健康的心理和阳光的心态是孩子成长的重要条件，陪伴、看见、倾听、接纳、包容、引导是家长需要学会的重要技能。

不要让孩子成为心理孤儿

父母都希望尽自己的努力让孩子过上好的生活，让孩子拥有一个完整的家。有的家长发现，虽然自己付出了很多，但孩子在不经意间成为一个心理孤儿。

心理孤儿并不是没有家人陪伴，而是没有人能走进孩子的内心世界，没有人能真正看到孩子到底发生了什么事。时间长了，孩子就会沉浸在自己的世界中，不愿与家长交流。孩子觉得没有人能看见自己，也没有人能理解自己。家长会奇怪地问："不对啊！我把自己下班后的大部分时间给了孩子，孩子怎么会是心理孤儿呢？"我们来慢慢分析。

心理孤儿的形成原因有以下几种：

🔊 原因一：手机吸走了父母的注意力

有的家长看手机的时间比较长。虽然家长觉得自己把下班后大部分的时间和精力用在了孩子身上，但是手机电量的快速下降会提示家长实际上把时间花在了什么地方。

一个经常离家出走的孩子曾向我这样讲述他的家庭生活：妈妈回家后忙家务，顾不上陪伴孩子。爸爸一回家就躺在沙发上看手机，父母不怎么和孩子说话，只会说："你怎么还不去做作业？你的成绩怎么这么差？"

这个孩子的家长并不是不关心孩子，孩子离家出走后，家长非常担心。家长为了给孩子提供好的物质条件而拼命努力工作，回到家后往往累得快要散架了。这个孩子的父母的确爱孩子，但他们只把爱放在心里，没有体现在陪伴上。

我建议父母回到家后，把手机放在不方便拿到的地方，不要把手机装在口袋里，不要边做家务边玩手机，也不要边陪孩子做作业边玩手机。孩子能够非常敏锐地感知到家长心不在焉的状态。家长可以在孩子睡着以后，回到自己的房间玩会儿手机，放松一下。

原因二：家长只反馈现实，不反馈情绪

有的家长常常对孩子重复这几句话："好好做作业！听老师的话，快点儿！作业做完了就去看会儿书。"还会这样说："我告诉你不要这样做，你怎么总是不听呢？"家长如果重复讲这几句话，就不是在和孩子沟通，而是在命令孩子。真正的沟通是建立在倾听和反馈的基础上的。

孩子从小就喜欢叽叽喳喳地和父母讲很多事情。孩子向父母倾诉的好时机是在父母接孩子放学回家的路上。一天的校园生活结束了，孩子会有很多话想对父母说。父母需要做的就是一路上听孩子讲，时不时地对孩子做一些反馈，父母反馈的首要内容不是孩子的对错，而是孩子的情绪。

比如，孩子和家长讲起今天在学校里和哪个同学吵架了，家长可以这样说："你是不是觉得特别难受呢？"最好不要说："我觉得你这件事情做得不对。"

父母倾听的首要任务是对孩子的情绪做出反馈，然后引导孩子明辨是非。孩子之所以觉得父母不理解自己，之所以觉得自己在家里很孤独，往往是因为父母没有关注到孩子的情绪。

有的家长以为孩子的情绪经过一段时间会自动变好，的确如此，孩子的成长就是在情绪的修复中进行的。不过，家长如果总是不关注孩子的情绪，往往就看不到孩子孤独的内心。

祝愿所有的父母都能看见孩子的情绪，都能看见孩子的内心。

如何让消沉的孩子变得阳光呢?

很多家长都希望孩子很阳光,阳光的孩子是什么样子的呢?开心快乐,笑容可掬,不说丧气话。有些孩子平时比较消沉,缺少正能量,喜欢抱怨。如何让消沉的孩子变得阳光呢?

家长的说教很难改变消沉的孩子

有的家长会这样说教:

"你小小年纪,怎么能说这种丧气话呢?"

"你要阳光一点儿,不要总说这种丧气话,你看隔壁孩子就很阳光啊!"

"你别总看不好的一面,要多看好的一面啊!"

"你不要总是抱怨,要看到好的一面啊!"

"你看你的生活多幸福,不要总是抱怨啦!"

"你就是缺少激情和正能量,要多看好的一面啊!"

有经验的家长会发现这些话对孩子起不了多少作用,只能让孩子不再向家长抱怨,但是不代表孩子不再消沉了。孩子为了让父母高兴,或者为了让父母不再唠叨,在父母面前假装表现得很阳光。家长以为自己的教育初见成效,其实孩子只是学会了在家长面前掩饰自己。

另外,家长要看到"丧气小孩"的可取之处。

"丧气小孩"的可取之处

"丧气小孩"往往对周围的事物具有敏锐的感知力,往往不会掩饰自己对周围世界的失望,常常把自己的真实感受告诉父母。父母不要生硬地要求孩子变得乐观,也不要强行纠正孩子的想法,而要接纳孩子,包容孩子,倾听孩子的想法。

久而久之，孩子在父母面前说的丧气话就会越来越少，孩子就会在父母的包容下发现生活中越来越多的美好和幸福。爱丧气的孩子往往觉得自己得到的父母关爱很少，但是在父母日复一日的包容下，孩子的内心会被温暖包围，渐渐地，孩子会觉得自己是被接纳的，哪怕自己很消沉，也是被父母爱的，孩子就能生发出正能量，就能变得阳光和乐观。

只是这个过程比较漫长，父母要做的就是接受、接纳、陪伴，要让孩子知道父母会一直接纳自己，不会否认和无视自己。

爱丧气的孩子并不一定丧失了积极向上的动力。爱说丧气话的孩子起码有倾诉的愿望，可以在父母的关爱下变得阳光。

一个看起来很消沉的孩子其实是在告诉父母："我需要父母的接纳和理解，我希望得到父母的帮助。"对待这样的孩子，父母只需要倾听，用一颗接纳和包容的心去倾听就可以了。

孩子的气质是天生的，但父母的教育和陪伴可以让孩子变得更加积极。

处理孩子情绪的三个步骤

有的家长发现，随着年龄的增长，孩子越来越不愿和家长说话了，孩子宁可一天到晚拿着手机和小伙伴聊天，也不愿跟家长讲上几句话。有的家长想和孩子聊聊天，孩子会说："你烦不烦？"家长供孩子吃穿，陪伴孩子成长，结果却换来一个渐行渐远的陌生人，这着实让人难以接受。

有的家长把这个问题归因为代沟。父母和孩子之间的代沟确实存在，大家处在不同的年龄段，想法肯定有所不同，但这并不是亲子沟通受阻的主要原因。家长不妨从日常交流中找找原因，比如看看自己能否理解孩子的感受。

家长要理解和接纳孩子的感受，是让亲子沟通变得顺畅的关键。试想，假如有一天我们受到领导的批评，十分沮丧，我们向朋友诉说这件事，朋友却说："肯定是你没把工作做好，下次改正就行了，有什么好难过的？"我们的感受肯定不好吧？

有的家长会像这位朋友一样和孩子沟通。孩子哭着说："我今天被老师批评了。"家长不管三七二十一，劈头盖脸地训斥孩子："肯定是你犯错了，老师才批评你，你还好意思哭。"长此以往，孩子就不愿意向家长倾诉了。

不管发生了什么事，家长都要先处理孩子的情绪。处理孩子情绪的理想方式就是接纳和尊重孩子的感受。如何才能让孩子觉得自己的感受被接纳了呢？

🔊 家长要专心地倾听孩子诉说

当孩子向家长倾诉的时候，家长要专心地倾听。有的家长觉得自己完全可以一边看手机一边听孩子说话，但孩子会感觉家长这样做是对自己的不尊重，会感觉自己被家长忽视了，孩子宁可选择和自己的玩具说话，也不愿和心不在焉的家长说话。

🔊 别否定孩子的感受

家长和孩子是相互独立的个体，拥有不同的感知系统，对同一件事也许会有不同的感受，这些感受并没有对错之分。有的家长在潜意识里觉得自己的感受是对的，孩子的感受是错的。

有的家长和孩子一起看电视节目，孩子说这个电视节目很无聊，家长却有不同的意见："你说的不对，这个节目很有教育意义。"有的家长对气温的感受和孩子的感受不一样，家长会否定孩子的感受："今天很冷，你应该多穿点儿。"

以上这些事情都是些小事，但如果孩子的感受总是被家长否定，孩子就会感到困惑和愤怒，久而久之，孩子就会被暗示不要相信自己的感受。家长这样做不仅不利于孩子的成长，还会影响亲子关系。

家长可以换一种方式回应："我觉得很冷，但你觉得不冷。"这样的回应不是在评判孩子的感受，也没有否定孩子的感受，而是在反馈各自真实的感受。

🔊 亲子沟通需要有回应

和孩子沟通的时候，家长要对孩子的话有所回应。家长可以这样回应："哦。""原来是这样啊！""嗯……"这样简单的回应可以让孩子畅快地说下去。当孩子和家长说话的时候，如果家长在认真地听，并且给予简单的回应，孩子就愿意继续说下去。

家长不要把亲子交流变成思想教育课。孩子说："我今天的衣服被同学弄脏了。"有的家长这样回答："我让你小心点儿，你就是不听，你看弄脏了吧。"家长这样的回应是无法让谈话继续下去的。家长只需要简单地回应："哦？"家长用这种想听下去的语调回应，孩子自然会把事情说完。

在表达感受的过程中，孩子并不一定想从家长这里得到建议。如果孩子告诉妈妈衣服弄脏了，妈妈就喋喋不休地告诉孩子以后要小心，要孩子把外套脱下来放进抽屉里，不让孩子拿着衣服玩，孩子就失去了表达的愿望。因为在难过或者受到伤害的时候，孩子最不想听的就是建议和道理，这样只会让孩子觉得自己很糟糕，觉得自己不值得被接纳和理解。

如果家长用关心的态度倾听孩子的诉说，对孩子产生共情，并用简单的话语进行回应，孩子就能在叙述的过程中整理自己的思路，就有可能找到解决方法，比如孩子就会这样想："我以后上体育课前把外套脱下来，放在教室里，这样就不会把外套弄脏了。"

  孩子的感受被父母接纳了，自己也想出了解决办法，聊天愉快地结束了，孩子下次遇到问题时还愿意和父母聊一聊。尽管接纳孩子的感受听上去有点儿复杂，但是只要我们设身处地地替孩子想一想，情况就会变得简单。

孩子说不想活了，意味着什么？

如今的生活节奏越来越快，人的一生难免遭遇很多挫折打击。如果孩子突然有一天说自己不想活了，或者自己曾经想过不想活了，家长该怎么办呢？

如果这个孩子内向敏感，家长的第一反应可能是："天哪！孩子如此脆弱，我今后该怎么教育孩子？我该如何防止孩子出意外？"

如果这个孩子生性乐观，家长的第一反应也许是："孩子是在开玩笑吧？孩子肯定在瞎说，孩子绝对不会干这种事情！"

如果这个孩子平时品行不端，油嘴滑舌，家长的第一反应也许是："骗谁呢？孩子肯定不想死，这孩子又想拿死来要挟我！"

请家长看一看以下应对步骤：

🔊 第一步：询问

家长首先要询问孩子有没有真正实施过自杀或自残的行为，有没有想过具体实施的方法，到底是一时冲动，还是蓄谋已久。这样的询问很重要。如果孩子蓄谋已久，而且采取过实施措施，家长就需要慎重对待，要把这个消息告知亲人，同时寻求专业的帮助。

如果孩子只是一时冲动地说说，这意味着什么呢？其实一个人不会轻易地说自己不想活了，除非是特别明显的玩笑。孩子说不想活了，并不一定意味着他已经到了非死不可的地步，他只是在释放求救信号，说明他已经到了崩溃的边缘，他希望获得帮助。

第二步：倾听和帮助

其实孩子都希望得到大人的帮助。不管是多愁善感的孩子，还是乐天派的孩子，还是玩世不恭的孩子，都会有陷入困境的时候，都希望别人来帮一把。孩子求助的表现可能是说一句"活着没意思"，也可能是"还不如死了算了"。

孩子说出这样的话，不一定代表他在将来的某一天会结束自己的生命，但说明了他这段日子并不好过，而且向家长吐露了自己的心声。

这时候家长需要做的是共情和倾听。哪怕孩子的理由多么荒诞，家长也要认真地倾听，不要加以评判。如果家长随意地评判孩子的感受，孩子就容易丧失倾诉的愿望。家长理想的应对方法是倾听，并且表示理解孩子的感受，但理解并不等于赞同。

一个陷入困境的人特别需要这样简单的倾诉，一个濒临崩溃的人特别需要这样简单的共情。有了这样简单的倾诉和共情，他就会觉得自己得到了理解，即使再面对艰难的局面，也不觉得那么艰辛了。

普通人并不容易做到倾听和共情，所以，有时候需要心理咨询师的介入。家长进行了第一步询问之后，一旦发现自己处理不了这样复杂的问题，就需要寻求专业帮助。

家长不要轻易否定孩子不想活了的念头。孩子虽然说了这句话，但并不一定会采取实际的行动。这只说明孩子的处境比较艰难，说明孩子需要帮助。家长通过倾听和安慰，也许能够拯救在痛苦的泥潭中挣扎的孩子。

孩子并不像一张白纸

有的家长曾经这样说："孩子就像一张白纸，大人想画什么就画什么，反正孩子什么也不懂，所以，孩子人生这张画，全靠大人画。"

有的家长想让孩子学乐器、英语、轮滑、绘画……有的家长希望孩子的性格要乐观、坚强、宠辱不惊……总之，家长希望把孩子人生这张画画得非常漂亮。

不可忽视孩子的先天差异

孩子真的像一张白纸吗？从某种意义上说，孩子的模仿能力的确非常强，家长教孩子做什么，孩子就做什么。而从另一个角度来讲，孩子和孩子之间先天的差异大得让人无法想象。

为什么邻居家孩子每天总是哭到深夜？为什么楼下的妈妈总是搞不定孩子的一顿饭？为什么同事家的孩子像永动机一样精力充沛？这是因为每个孩子都不一样。

孩子为什么特别悲观呢？有人认为是因为家长打击孩子太多了。孩子为什么特别乐观呢？有人认为这是乐观的家长耳濡目染的结果。孩子为什么特别勤奋呢？有人认为这是家长平时示范的结果。孩子为什么特别贪玩呢？有人认为是因为家长没管教好。其实这样的分析往往过于简单了，因为没有分析孩子的先天气质类型。其实家长培养孩子乐观的性格并不容易，因为研究发现，孩子的气质类型主要由遗传决定。

人的性格各有不同。有的人天生不会被打趴下，遭受的打击一个接一个，依然继续勇往直前。有的人天生悲观，在外人看来，他就像生活在蜜罐里，但是他总抱怨命运不公平，受到一点儿打击就要寻死觅活。

孩子的气质类型往往决定了成年时的人格特点，正如一句古话所说的："三岁看大，七岁看老。"这句古话非常有道理。

家长顺势而为才是智慧的表现

既然这样说，难道家长只能听天由命吗？当然不是。家长如果把孩子当成一张白纸，结果却发现养育出一个和自己三观差别很大的孩子，就有可能开始怀疑自己的教育经验和教育理念，要么对孩子非常失望，要么对自己非常失望。

家长如果能及早明白孩子并不像一张白纸的道理，及早明白孩子具有先天的气质类型，就会努力研究孩子具体的气质类型。

孩子的可塑性是很强的。孩子就像一棵小苗刚刚开始成长，家长虽然不能把一棵向日葵变成香樟树，但可以把它变成特别美丽的向日葵；家长虽然不能把一棵葡萄苗养成直立的白杨，但可以种出非常甜美的葡萄。

一个天生带有忧郁气质的孩子被培养成乐天派的可能性往往比其他孩子小一些。一个属于多血质气质的孩子被培养成文静的淑女的难度往往会高一些。

由于先天气质类型的差别，家长最好不要对孩子抱过高的期望，而要运用教育的"武器"，让孩子尽可能在自己的气质范围内变得更加优秀。

如果孩子天生忧郁，那么让忧郁成为孩子的独特气质吧！如果孩子天生暴躁，那么家长可以教育孩子在暴躁来临的时候如何减少伤害。如果孩子生性好动，那么让孩子的活泼性格成为和他人交流的纽带吧！

不同的孩子拥有不同的气质类型，没有哪一种气质类型绝对好，也没有哪一种绝对不好。孩子的脾气秉性往往很难改变，家长不必刻意改变孩子的气质类型，可以教会孩子处理问题的方法。

孩子并不像一张白纸。家长只有接受了孩子的差异，才能心平气和地教育孩子。

内向的个性特质并不是缺点

我的班里有个女孩，性格比较内向，上课听讲非常认真，老师在课堂上提的每个问题她都知道答案，一旦让她站起来回答，她就会变得非常不自在，有时候连一句话都讲不出来。班里其他同学比较了解她的性格，鼓励她："你说说看，说错了也没关系。"但她的声音还是小得像蚊子哼。她觉得自己的表现太糟糕了，于是努力尝试主动举手回答问题，尝试上台竞选班委。很可惜，经过努力，她的情况还是没有多少改观。好在同学们非常包容她，看她飞也似的逃离讲台，也会给她掌声。

有一次课下聊天，她对我说："老师，我觉得自己太内向了，这样不好。我想像某某某一样活泼开朗。"女孩妈妈和我沟通时也说："这孩子太内向了，我真的好担心。"

人的性格有外向的，也有内向的。有的家长认为孩子性格内向不好，落落大方才好，外向开朗才好，认为孩子胆小不好，勇敢才好，于是不管孩子的先天气质类型是什么，都希望把孩子塑造成自己希望的样子。有的家长给孩子创造了很多机会，让孩子上台演讲、表演节目，不断地告诉孩子："声音要大一些，要自信一点儿，不要这么害羞。"

正常情况下，很多孩子能够通过这样的训练有所改变，但也有一些孩子无法达到家长想要的效果，甚至每次上台对孩子来说都是一次煎熬。在家长和他人不断的"矫正"中，孩子以为自己的这种特质很不受人喜欢，久而久之，孩子容易变得爱否定自己。

🔊 内向的孩子也有优势

性格外向的人看上去在社会上"吃得开"，但这不代表害羞、胆小的人能力欠缺。实际上，性格内向的人往往善于自处，对人非常友好，善于和自己欣赏的人相处，而且热爱思考，抽象思维比较发达。胆小的人往往比较谨慎，不太容易犯错误，也不太容易做出极端的事情。

有的家长认为孩子的内向性格是缺点，其实那只是孩子的特点而已。每一种个性都有正面价值和反面价值，就看家长关注哪一方面了。

一般来说，出于对孩子未来的考虑，有的家长特别希望孩子能够拥有较强的竞争能力，有的家长认为外向、勇敢的个性特征能让孩子获得更多的机会和资源。但人生的道路有千万条，不是每一个孩子都喜欢站在舞台上的感觉，不是每一个孩子都喜欢从事家长心仪的职业。家长需要明白的是，一个人的内在品质比这些外在的东西更重要。

🔊 个性特质无好坏

面对孩子的气质特点，家长不妨变得包容些。在生活中，家长多鼓励孩子，不要强迫孩子；多尊重孩子，不要指责孩子。家长若想改变孩子的气质特点，就要耐心、温和地倾听孩子的内心需求。当家长和孩子都能够接受孩子的这些气质特点，不会因此而感到羞耻或难堪时，孩子才有可能迎接挑战，逐渐改变自己。

内向或胆小都没什么关系，这才是真实的自己。孩子如果喜欢自己的性格，就和自己好好共处。孩子如果想改变自己的性格，就去尝试一下。孩子如果实在改变不了自己的性格，就要学会接纳自己，学会爱自己。

孩子害羞真的不好吗？

这篇文章的主人公叫小美，她从二年级开始就断断续续地在我的社团上课，如今已经上六年级了。小女孩平时很安静，经常笑眯眯的，只是不爱讲话，甚至很少讲话。轮到她发言时，她就用沉默和笑眯眯的表情搪塞过去，就这样，我被她搪塞了两年。两年后的一节课上，她说了一个词："开心"。这把我乐坏了，我觉得这个孩子在慢慢地"好起来"，在我看来，她取得了巨大的进步。

但后来，小美在表达上止步于此，每次回答问题时，她都是好不容易憋出几个字，而且每次都很不好意思地捂住嘴，声音很小。我特别希望她能变得善于沟通。

很多家长都希望孩子善于和人沟通，说起话来不一定非要头头是道，伶牙俐齿，但起码能够沟通顺畅，有问有答，彬彬有礼。有的孩子比较害羞，尤其不愿对陌生人说话，家长往往会担心这样的孩子将来不容易融入社会。

🔊 一堂课改变了我的想法

有一天，一堂课改变了我的想法。课上，我给每个孩子发了一块小黑板，让孩子们在小黑板上写出自己想提的问题。我突然发现，小美在小黑板上写的问题很有意思，而且内容很丰富，一点儿也不像平时回答问题时那么贫乏。在小黑板的后面，小美正津津有味地观察其他同学黑板上的问题。

我原本认为小美在沟通上存在严重的问题，但是如果小美换一种沟通方式，她的沟通问题还会那么严重吗？考虑孩子问题的时候，我们可以换一个对孩子的成长更有利的角度。

科技提供了更多可能

现代高科技可以为人们的生活提供更便利的服务，我们可以利用高科技手段来进行联络。如果我加了小美的 QQ 或微信，她就有可能在网上和我聊很多话题，甚至可能和我讲起这几年在社团的感受。她也许在网络世界里能说会道，她细腻的内心也许藏着很多有趣的故事，会在社交软件上分享。总之，透过她的文字，我看到了她丰盈的内心，她并不孤单，并不需要矫正。

高科技为孩子的发展提供了更多的选择，孩子可以借助适合自己的软件来促进学习。孩子如果不擅长口语表达，就可以用社交软件；孩子如果阅读速度慢，就可以借助有声书，听一本名著。

总之，家长可以借助各种各样的辅助工具来帮助孩子更好地学习和交流。家长不要用自己认为"好的""正确的"标准去要求孩子，不要试图纠正孩子所谓的问题。在对孩子的问题进行纠正前，家长先要想一想有没有其他更适合的方法，也许不需要通过强行纠正就能达到目的。

科技发展日新月异，家长可以合理利用资源，来为孩子的成长助力。

生命教育，从学会告别开始

说到人生，就不能不提到分别，小到每天的一声"再见"，大到生离死别。教孩子对别人说声"再见"很容易，教孩子学会告别往往比较难。

好朋友即将到另一个城市生活，我很舍不得他，怎么办？毕业季同学们即将分别，我很难过，怎么办？我亲爱的奶奶去世了，我再也见不到她了，我会一直很想念她，怎么办？

好好告别很重要

《朗读者》栏目有一期题为《告别》的节目，其中的开场白非常棒：

海子说："我们最终都要远行，最终都要与稚嫩的自己告别，告别是通向成长的苦行之路。""山盟虽在，锦书难托。"这是陆游和唐琬之间痛彻心扉的告别。"我和谁都不争，和谁争我都不屑，我的双手烤着生命之火取暖，火萎了，我也准备走了。"这是杨绛先生平静超然地和这个世界告别。告别是结束，也是开始，是苦痛，也是希望。面对告别最好的态度就是"好好告别"。

"面对告别最好的态度就是'好好告别'"，家长需要教会孩子如何好好告别。孩子的好朋友即将到别的城市居住，孩子很难过，家长有没有察觉到孩子的情绪？家长会不会觉得这是一件小事，没必要理会？孩子饲养的小宠物死了，家长是不是把小宠物装在垃圾袋里随手扔掉了？孩子的祖辈即将离世，家长是不是一直对孩子谎称老人挺好，直到老人真的去世？

孩子不知道如何面对告别，甚至在突如其来的慌乱中体验到抹不去的痛苦，结果演变为对离别的恐慌。

🔊 家长不要忽略对孩子进行生命教育

一个学生曾经和我谈起一件事情：他跟爷爷的感情特别好，在他爷爷癌症晚期住院的那几天，他的父母没有告诉他真相，所以，在爷爷生命的最后那段日子里，他的学习很繁忙，他没有花很多时间去陪伴爷爷。当突然接到爷爷离世消息的时候，悔恨和痛苦让他耿耿于怀，难过和哀伤在爷爷离世多年之后依然困扰着他。

人的一生总要经历各种各样的离别，尽管家长避而不谈，孩子还是需要面对。

孩子的好朋友即将去一个很远的地方，家长可以和孩子一起为好朋友准备一份礼物，和孩子一起回忆好朋友的有趣往事，鼓励孩子把美好的回忆写下来分享给好朋友，并为好朋友送上祝福。

孩子饲养的宠物不幸死掉了，家长可以和孩子一起为小宠物寻找一块合适的安葬地，认真地为小宠物处理"后事"，让孩子回顾小宠物的一生，给小宠物写封信，倾诉对它的思念，好好地处理悲伤的情绪。

亲人去世了，家长该如何帮助孩子向逝去的亲人告别呢？有的家长不愿和孩子讨论生离死别，没有教会孩子如何处理这种突如其来的哀伤。孩子参加了亲人的葬礼，但不一定会处理和亲人永别的痛苦。家长不要忽略对孩子进行生命教育。

🔊 通过故事教孩子与亲人告别

绘本《爷爷变成了幽灵》讲述了一个有关生命教育的故事。家长可以给孩子读读这本书，讲讲其中的故事，用这个故事来疗愈孩子失去亲人的哀伤。

《爷爷变成了幽灵》讲的是一个俏皮的小故事，能让我们沉浸在温暖而悠长的思念中。这本书把死亡这件沉痛的事情叙述得既有童趣又有哲理。

小男孩艾斯本的爷爷突然去世了，甚至没有给艾斯本留下任何一句话。艾斯本一直在伤心地哭泣。就在艾斯本伤心难过的夜晚，爷爷居然变成幽灵回来了！幽灵爷爷在不停地叹息，因为他说自己忘了一件重要的事情。于是，艾斯本就和爷爷一起寻找爷爷遗忘的那件事。

艾斯本问爷爷是不是忘了过去家里的事，爷爷说不是。艾斯本后来又和爷爷在镇子上找，爷爷想起了很多美好的往事，但没有想起那件重要的事。究竟是什么事呢？爷爷终于想起是一件和艾斯本有关的事。艾斯本说起了很多和爷爷在一起的趣事，爷爷终于想起了那件遗忘的事情，是爷爷忘了跟艾斯本说再见。

故事的结尾既让人吃惊，又让人潸然泪下，这是多么出乎意料又在情理之中的结局。原来他们并没有好好地告别过。艾斯本和爷爷做了告别，也缓解了艾斯本萦绕在心头的忧伤，他又可以正常地上幼儿园了。看似轻描淡写的结尾，让我们如释重负。

到底该如何处理离别的情绪呢？亲人即将离世，我们需要好好地和亲人做一个告别，一起回忆人生中那么多温暖美好的时光，这样也许可以缓解亲人离世带来的忧伤，因为我们为彼此的人生交集画了一个圆满的句号。

家长不要在孩子面前回避离别的话题，而要和孩子一起好好面对生活中的种种告别，让孩子懂得珍惜生活，珍惜亲人，珍惜生命。这便是最温暖的生命教育。

孩子有隐私吗？

有的家长在家里安装监控摄像头，目的是能够随时监控孩子的学习，能够随时了解孩子在做什么。其实孩子需要自己独处的空间，家长如果这样监视孩子，就会让孩子无时无刻不处在神经绷紧的状态，孩子怎么能快乐成长呢？

儿童的秘密

有的家长觉得孩子还小，没有什么隐私，可以随时监控孩子的一言一行，可以随时闯入孩子的世界。在这样的环境中生活的孩子往往缺乏保护隐私的意识。即使别的孩子翻看他的书包，当众揭开他的"伤疤"，拿他曾经犯的错误来当众嘲笑，孩子也不知道该怎么办，只会在一旁羞红了脸。

其实每个孩子都是独立的个体。在 3 岁左右，孩子往往就能意识到别人未必全知道自己的事情。到了四五岁，孩子逐渐理解隐私的含义，但还没有保护隐私的意识。6 岁的孩子往往已经有了自己的"小秘密"。

孩子拥有秘密对其成长和发展具有积极的作用。家长尊重孩子的隐私，有利于孩子健康人格的形成。孩子如果具有一定的隐私意识，就能够在成长过程中拥有属于自己的空间，有利于形成独立的个性。

哪些内容属于孩子的隐私？

以下内容属于孩子的隐私：

（1）**孩子的生理缺陷或心理缺陷**。比如孩子患有某种疾病，或者身材矮小、过胖等，家长如果在孩子面前对孩子的生理缺陷或心理缺陷评头论足，就不利于孩子的心理健康。

（2）**孩子曾经的过失**。比如孩子以前曾经犯下错误，或者在某次演出中出了洋相，孩子觉得这样的事情很丢人，家长不要反复提及，尤其不要在公共场合说起。家长如果总是提及这些事，就会让孩子有一种"被揭伤疤"之痛，就会对孩子的心理造成伤害。

（3）**孩子的"私人领地"**。孩子的"私人领地"主要指的是个人身体、私人物品、私人空间等。孩子往往十分看重自己独处的小天地，并将其视为自己的"私人领地"，家长最好不要随意闯入。

如何培养孩子的隐私意识

（1）**帮助孩子建立身体隐私的概念**。孩子的身体隐私意识很重要，家长要培养孩子保护身体隐私的意识。家长要让孩子明白自己的身体自己做主，孩子有权拒绝别人的碰触。家长要让孩子明白自己的隐私部位除了自己、爸爸、妈妈、医生等人可以在必要时碰触外，其他任何人都是不可以碰触的，这样有利于帮助孩子建立保护身体隐私的概念。

（2）**给孩子提供属于他自己的独立空间**。孩子从小就喜欢划定出属于自己的领地，并且要求家长不能随意进入自己的领地。这时候家长要配合孩子，要尊重孩子的领地意识。如果孩子有自己的独立房间，家长进门之前就要敲门。

（3）**帮助孩子保守秘密**。如果孩子不愿意提起某件事情，家长就不要当众提起。如果孩子愿意和家长分享秘密，并且要求家长保守秘密，家长就要为孩子保守秘密，否则就容易失去孩子的信任，孩子就会有不被尊重的感觉。

家长要承认孩子是独立的个体，也要明白儿童也有隐私。家长要保护好孩子的隐私，这样孩子才能健康成长，才能懂得尊重自己和别人的隐私权。

第五章

不完美，才是孩子真实的样子

"我爱你，但我并不喜欢你原本的样子，我希望你长成我喜欢的样子，所以我愿意花费很多精力和物力去改造你，让你成为完美的小孩。"这是一些家长的执念，往往成为孩子心中的伤。父母不需要通过培养一个完美的孩子来证明自己的成功，孩子并不是父母的附属品。教育的目的不是创造奇迹，而是让孩子成为更好的自己。我即使知道我的孩子将来不一定会创造让世人瞩目的奇迹，也愿意尽我所能去帮助孩子，去关心孩子，只为他能长成他喜欢的模样。

爱的前提不是一百分

　　临近期末，孩子们努力复习，因为孩子们知道这个节点非常重要。对有些孩子来说，期末考得好不好，决定着能不能得到父母许诺的奖励，决定着假期玩得是否开心，决定着自己会不会被打屁股。当然，有的孩子关注的是自己能不能一直保持优势，能不能超越自我。有的孩子则希望能考出好成绩，给自己带来好运，因为这个好成绩可能是为爸爸妈妈考的。

　　期末前，班上有孩子告诉我，他一旦期末考试考不出理想成绩，就会被家长揍一顿。渐渐地，孩子就明白哪些事情是父母喜欢的，就展示给父母，就会把那些父母不喜欢的事情藏起来。家长本来对孩子的情况很了解，但孩子不想让家长了解那么多，只想让家长看到自己好的一面。这与孩子的自主意识发展有关，同时与家长爱孩子的方式有关。

🔊 有的家长虽然口头说爱孩子，却不接受孩子原本的样子

　　有的家长对孩子抱着过高的期望，让孩子在一条条赛道上比拼，却不愿意接受孩子原本的模样。这会让孩子背负沉重的爱，为了家长不切实际的期望而疲于奔命。

　　有的家长无法接受孩子听不懂妈妈讲的一道题，无法接受孩子记不住爸爸教的一句口诀，无法接受孩子学不会今天练的一首曲子。有的家长不允许孩子在困难面前退缩，不允许孩子表现懦弱，不允许孩子输给同伴。总之，有的家长不允许孩子在家长面前表现出孩子原本的模样。孩子已经拼尽全力，尽量做好，但在家长看来还是不够好。孩子只好想尽办法让自己看上去很棒，为的是不让家长认为自己是一个平庸的、笨拙的、不够聪明的孩子。

　　有的孩子一旦表现得不好，就会听到父母失望的叹息，就会觉得自己辜负了父母的爱。在孩子看来，还有什么比辜负父母的爱更严重的呢？于是，孩子在挣

扎中生活，努力表现，尽量让父母满意，却总是达不到父母的期望。

一个上小学四年级的孩子曾心酸地告诉爸爸妈妈："我没有那么优秀，你们再生一个吧。"孩子能说出这句话，也许说明孩子无法承受父母对自己的期望，深受自己达不到父母期望的折磨。在孩子看来，自己让父母失望，就如同犯罪一样，特别内疚。

父母要学会接受孩子本来的样子。孩子固然是父母的孩子，却是一个独立的生命个体。孩子虽和父母血脉相连，但拥有自己独特的个性和思想。

无条件的爱

有的家长认为自己所做的一切都是为了孩子，认为自己的爱就是无条件的爱。其实这样的爱并不是无条件的爱。什么是无条件的爱？就是不论孩子做错了什么，家长都不会对孩子说："妈妈不喜欢你了，因为你今天跟别人打架了。"也不会因为孩子表现好，就对孩子说："我太喜欢你了，因为你考了 100 分。"

无条件的爱，指的是家长包容孩子的一切，不仅能接受孩子的优点，还能接受孩子的缺点，并能把孩子的表现和他本人分离。

父母要对孩子这样说："我也许喜欢你做的事情，也可能不喜欢你做的事情，但是无论如何，我都接受你本来的样子，我都永远爱你这个人。"

父母也可以这样说："亲爱的孩子，你今天抄了同桌的作业，我很生气，这件事情你做得不对，你这样做让我很伤心，但是我依然爱你。"父母还可以这样说："亲爱的孩子，你今天考了 100 分，我很开心，这证明你是个努力能干的孩子，不过，即使你下次考不到 100 分，我也一样会喜欢你。"

父母要反复告诉孩子："不是因为你做了什么我才喜欢你，而是因为你是我的孩子，所以我喜欢你，接纳你，但这并不代表我认可你做的每件事情。"

无条件的爱会让孩子觉得自己是被父母接受的，无论孩子是什么样子，父母都接受孩子，但并不是盲目地赞同孩子。

一个孩子如果在成长的过程中有这样无条件的爱相伴，就能学会坦然接纳自己，就能够正视自己的不足，就会明白这样的道理："我并不完美，但不需要隐藏自己的不完美和缺陷。"

孩子被接纳才会更阳光

很多人在成年后经过了很多历练，才学会与自己和解，才做到坦然面对自己人性中的弱点。有些人终其一生都无法接纳自己的缺点，都在跟自己的劣势较劲。

有的人在成年之后遇到了心理问题，去寻求心理咨询师的帮助，其实是在寻找一个能够积极关注自己、无条件接纳自己的人。一个训练有素的心理咨询师会非常积极地接纳来访者，并且主动地为来访者提供无条件关爱。来访者只有得到了无条件关爱，才能坦然地面对自己人性中的弱点，才能正视问题，解决问题。

如果父母在孩子的童年做到无条件地接纳孩子，孩子成年后出现心理问题的概率就会降低。如果我的父母没有做到无条件地接纳我，我的伴侣能够做到无条件地投入爱，就能极大地弥补父母的这一缺失。能做到无条件积极关注的伴侣可以接纳对方的一切，不论是好的还是不好的。

不过两个人之所以相爱，刚开始往往是因为爱上了对方的优点。要接受对方全部的缺点，需要勇气和努力。

父母无条件地爱着孩子，并不代表父母对孩子是非不分。父母可以接纳孩子的一切，但是并不一定认同孩子做的每一件事情，也不会因为孩子做的某件事就讨厌孩子。接纳孩子原来的样子，就如同告诉孩子："我了解你原本的样子，我愿意和你一起努力变得更好，即使你没有变得更好，我也依然爱你。"

祝愿家长给孩子的爱不是以 100 分为前提，也祝愿每个孩子都能得到父母无条件的爱。

在你面前，我更希望自己是个不完美的小孩

有位妈妈曾向我抱怨："几年前，我想做一个能让孩子感到快乐的妈妈，可是我并没有做到，我需要督促孩子的学习，而且我的'狮吼功'越来越厉害了。"

如今的教育是没有边界的，教孩子学习是老师的职责，也是家长的职责。孩子处在低学段的家长需要陪伴孩子学习。有的家长周末继续陪着孩子上特长班。有的家长变得特别严厉，孩子一旦做得不够好，就会受到家长的训斥打骂。

🔊 他只是个孩子

有的家长这样说："我的孩子一点儿也不省心。我必须对孩子凶一点儿，我必须严格要求孩子。我要让孩子知道'山外有山，人外有人'，我要让孩子知道他做得远远不够。我不能表现出对孩子的满意和宽容，因为宽容就等于纵容。如果孩子表现差，那么我需要负很大的责任。"

孩子只好在父母面前努力表现得优秀、成熟，努力让自己的每一次考试都拿满分，努力让自己的每一次表演都成功。父母似乎忘了，他只是个孩子。

小孩子需要撒娇，需要号啕大哭。孩子难免有失误，难免表现幼稚。

家长应该比外人更清楚孩子的弱点，更了解孩子的渴望。家长不必对孩子过于严苛，不必让孩子在家长面前胆战心惊地戴上面具表演。

我曾遇到一个女孩，她和爸爸的关系总是亲密不起来，因为在她的成长过程中，她一直在努力扮演一个好学生的角色，而不是一个不完美的孩子的角色。

在给她咨询的过程中，我感悟到，家长可以严格对待孩子，但需要适度严格。

家长既要严格又要有温情

孩子学习的时候，家长可以对孩子严格要求；学习之余，家长可以慈爱地对待孩子。孩子备战考试的时候，家长可以对孩子严格要求；休闲的时候，家长可以变得随和一些，可以和孩子快快乐乐地一起玩，可以充满温情。

孩子在家长的严格要求下认真地完成了作业，这时可以给孩子一个拥抱。

孩子在家长的严格要求下努力地演算完题目，这时可以给孩子一个赞许的笑容。

假期带孩子一起玩的时候，家长可以玩得比孩子还疯狂，孩子发现原来家长也那么调皮可爱。

家长不要用冷漠的态度对待孩子，不要用严苛的标准衡量孩子。即使孩子长大后明白了家长的良苦用心，也无法将其化作融在心头的暖意。而这种暖意，足以温暖孩子的一生。

为人父母的历程是单行线

我上小学的时候，我的父母比较轻松，他们并没有因为我的学习而着急生气。印象中，我做作业的时候，我的父母很少管过我。当我做了父母之后，陪孩子学习就成了挥之不去的责任。

有些家长向我倾诉陪伴孩子学习时的抓狂或痛苦，我感受到了家长深深的焦虑。家长焦虑的主要原因往往是特别希望自己能够成为优秀的家长，不希望孩子因为自己的教育而留有遗憾。

有位妈妈很自责地对我说："其实我自己就很幼稚，所以教育孩子的时候做得并不是很好。"我想告诉她，世上没有十全十美的父母，我们都在不断地调整自己，和孩子一起成长。人生总有遗憾，父母留有遗憾也是难免的。

遗憾不可避免

等到我们做了父母才发现，原来父母是需要持续学习的。在与孩子进行磨合的过程中，我们慢慢成长为合格、成熟的父母，这是一个逐渐完善的过程。

父母需要学习，在做父母的过程中留下一些遗憾是不可避免的。记得有位朋友对我说，她生孩子的时候很年轻，对孩子做了许多让她后悔的事情，比如经常打孩子、对孩子的关心不够等等，如果再生一个孩子，她一定会做得更好。

十年前，我刚入职时遇到了很多教育问题，十年以后，我可以用更好的方法去解决这些问题。想到这里我不免后悔，假设十年前孩子们遇到的是更成熟的老师，说不定他们人生的走向就会不一样了。

父母也需要成长

教育孩子的历程是一条单行线，父母无法重新来过。我们在不断犯错中成长。我们有过一巴掌打下去就很后悔的时候，我们有过因为工作太累而对孩子发脾气的时候，我们也有过控制不住自己的情绪而对孩子咆哮的时候。我们可以原谅自己的这些行为，然后不断调整自己的行为，努力成为好家长。

我有过咨询失败的时候，有过管理班级不成功的时候，有过与家长沟通无效的时候，当时很沮丧，现在看来，这些经历都是成长路上的恩赐。我在跌跌撞撞中学做一个好老师，学做一个好的心理咨询师，学做家长的好朋友。

这个学习的过程并不容易，会有反复，会有低谷，就像家长提前告诫自己很多遍不要动怒，可看到孩子磨磨蹭蹭的那一刻，还会爆发一样。

世界上没有完美的孩子，也没有完美的父母。没有哪个家长能带给孩子完美的教育，同样，没有哪个外人能替代父母的爱。父母可以和孩子一起在不完美中不断成长，不断改进。

将心比心的正确做法

我曾经接待过一位家长，他在生意上很成功，和我聊天的时候滔滔不绝地说着自己当年的辉煌。他告诉我他的童年非常艰苦，又要砍柴，又要上学，但他的学习很出色。最后，他叹了口气，说："现在的孩子真是吃不了苦啊！我真想让他去体验一下艰苦的生活！"

相信很多家长都有让孩子吃点儿苦的想法，但让孩子体验艰苦生活并不一定有教育效果。促进孩子健康成长的主要因素往往不是物质环境，而是心理环境。

🔊 孩子的处境真的好吗？

首先，我为这位家长点赞，因为他的努力让我敬佩，但他的想法不一定能让孩子接受。这位家长非常努力，也很成功，但他并没有和孩子换位思考。有人说："他怎么没有换位思考呢？我要是有他这么好的条件，不知道有多高兴呢！"

我来分析一下，这位家长也许是这样换位思考的：因为自己的工作太累，所以希望过上无忧无虑的生活，希望有人负责自己的衣食住行，自己对什么都不用愁，还可以选择自己喜欢的生活。但孩子并不一定这样想。孩子对衣食无忧，但不一定无忧无虑。孩子会忧虑自己的学业，也会遇到很多成长的困惑。孩子渴望自由，却一直被束缚。家长可能这样说："我能给他想要的生活，他还要什么自由？"其实孩子往往特别盼望自己能快快长大成人。

🔊 家长不要拿自己的悲惨童年来教育孩子

有的家长喜欢拿自己悲惨的童年来教育孩子。我曾经听到家长这样对孩子说："爸爸妈妈是因为读不起书才弄成如今这个样子，我们现在给你创造了很好的条件，你为什么不好好读书呢？我小时候要照顾弟弟妹妹，还要下地干活，还交不起学费，你看我当时有多惨，你看你现在多么幸福！"

家长的言下之意是："因为我的童年很悲惨，所以我如今工作不如意，而你的童年比我的幸福很多，你不应该混得像我这样差。我的不如意是外因造成的，你的不如意是内因造成的，是你自己不努力造成的。"

家长给孩子讲了自己的悲惨童年，孩子就能听从家长的话好好学习吗？不！一般来说，在这样的教育下，孩子会萌生以下两种情绪：

（1）**内疚**。孩子会觉得自己特别差，爸爸妈妈不惜一切代价给自己创造这么好的条件，自己却学不好。

（2）**反感**。孩子会觉得爸爸妈妈整天唠叨这些大道理，很烦。

我爸爸从来没对我说过他小时候如何悲惨。当时我爸爸有五六个兄弟姐妹，生活很艰难。我从小就听爸爸讲童年趣事，比如爸爸半夜被大伯叫起来烤用黄泥裹着的乌龟，从爸爸的描述中我甚至能够想象出烤乌龟的香味；我还记得爸爸讲小时候和小伙伴们在河里撒欢，到河中的小岛上捡野鸭蛋；我还记得爸爸讲骑在牛背上玩耍，不用上学；我还记得爸爸讲放学的时候跟几个伯伯到亲戚家吃一颗很大的鹅蛋，然后把那个鹅蛋壳珍藏很久。

爸爸的诉说让我觉得爸爸的童年太幸福了。但是我妈妈告诉我，其实我爸爸小时候，家里连做一件衣服的布料都没有，一碗水蒸蛋，每个孩子只能吃上一勺，一年到头吃不上几块肉。对于这样的贫穷，我爸爸对我只字未提。

我很庆幸爸爸没有整天告诉我他小时候是多么悲惨，没有要求我好好珍惜他们给我创造的美好生活，否则我也许会叛逆。

每一代人都有每一代人的痛楚和不易。家长不要总是拿自己的成功来衡量孩子，也不要用自己的痛楚来跟孩子的优势比。家长要了解孩子所生活的时代，要了解孩子面临的挑战，要理解孩子所处的环境，要让孩子明白，也要让自己明白，家长创造美好生活的目的不仅仅是为了孩子，也是为了家长自己。

家长要做到将心比心，要将家长和孩子所有的优势和劣势都放在同一个天平上衡量，而不要只拿出自己的劣势和孩子的优势比，从而显得家长多厉害，多有道理。这样的道理并不能得到孩子的理解，家长也无法走进孩子的心里。

家长可以告诉孩子自己童年的美好之处，孩子就会发现他自己童年的美好之处。家长不要和孩子比惨，要一同发现快乐。家长可以用自己积极的人生态度来塑造孩子积极的人生观。

孩子一次次让人失望，该如何信任孩子？

有的家长说："我希望我能信任孩子，可是孩子一次次让我失望，不是我不愿意信任孩子，而是我根本没办法信任孩子啊！"有的家长并不是一开始就对孩子不信任，而是对孩子的表现感到失望，逐渐变得不信任孩子。

家长要对事不对人

有个学生好几天不写作业，第一天我问他要作业，他答应我第二天做，结果第二天他还是没做，这时我会运用对事不对人的原则，严肃地说："你昨天不是答应我要做的吗？今天怎么又是空白？你知不知道这样我很生气，我很难过，我本来选择相信你的，可是你又让我失望！你能不能让我看到一点儿希望啊？"

细细体会，这段话暗含玄机：

（1）这段话没有伤害孩子的自尊。我并没有说孩子很差劲，不值得信任。

（2）这段话传达了我的感受。因为孩子没有做作业，所以我感到非常难过、生气、失望，我希望看到孩子的进步。

虽然我在说话时很严肃，但严肃的话语中包含着对孩子的期望。这就是我经常很严肃，但孩子们仍然很愿意亲近我的原因：孩子们并没有感受到不被尊重。

孩子值得信任

屡教不改的孩子值得信任吗？是的，值得信任，关键是该信任什么。家长该选择相信什么呢？选择相信孩子一定能改好，明天就出现奇迹吗？不是的。

改变一个人是非常难的，家长不要指望一两次信任就能换来孩子翻天覆地的转变。屡教不改的孩子是值得信任的，家长要相信孩子有变好的意愿。其实每个孩子都有想变好的意愿，我很认同"人之初，性本善"这句话。家长要相信孩子具有自我成长的意愿，要相信孩子希望得到肯定和尊重，要相信孩子希望通过自己的努力，来赢得周围人的肯定。

现实往往比较残酷。一个孩子在上一年级时相信自己能学好，慢慢发现自己的学习不如别人，他一心希望自己的表现能让妈妈感到满意，结果发现自己总是做不到，久而久之，他便开始怀疑自己。他如果再受到外界的批评，往往就会选择自我放弃。

在自我放弃的外层，还包裹着厚厚的自我防御。这种自我防御往往非常坚硬，保护孩子的自尊心不受伤害。孩子自我防御的具体表现是口头上的否认、行为上的反叛，以及对支持力量的抗拒。

比如，家长对孩子说："我觉得你学得还不错。"孩子会这样否认："我哪里学得不错了？我明明很差！"家长这时要明白孩子这样说是出于自我防御，这是孩子保护自己的最后一道防线。

孩子并不是不愿意相信家长，而是不希望自己的相信换来另一种伤害。家长如果要选择相信孩子，就要百分百地相信孩子，不要把孩子的防御盔甲卸下后又质疑和否定孩子。

相信和支持孩子

家长要相信孩子能够做出改变，并给予孩子帮助和支持。孩子也特别希望改变自己，但是改变的步伐往往比较缓慢。家长有可能等了很久，却没发现孩子有什么改变。家长如果深入了解，仔细观察，就能发现孩子曾经纠结过，努力过。即使孩子经过努力仍没有改变，也并不代表之前的纠结和努力没有价值。相信孩子是唤醒孩子的钥匙。

选择自暴自弃是孩子留给自己的最后尊严，但不是家长放弃教育的理由。家长一定要选择相信孩子，尽管家长有可能在短时间内无法让孩子发生多大的改变，但孩子内心最感激父母，因为父母给予了孩子特别重要的东西——尊严和尊重。

家长要允许孩子合理表达情绪

"我才不要这个难看的娃娃！"乐乐在妹妹的周岁宴上把一个毛绒玩具扔到了垃圾桶里。客人还没离开，爸爸妈妈觉得有些难堪，大声呵斥她："你怎么这么不懂事？是因为你喜欢，妈妈才买给你的。去捡起来，否则以后你不会得到任何礼物！"乐乐大声尖叫："没有就没有，我才不在乎呢！你们都买给妹妹吧！"爸爸妈妈意识到乐乐嫉妒妹妹得到了很多礼物，而乐乐只得到了一个娃娃。爸爸妈妈继续批评乐乐，因为嫉妒被爸爸妈妈视为不好的情绪和心态。

在培养孩子的过程中，家长不仅要忍住火气辅导孩子写作业，还要学会正确处理孩子的情绪，帮助孩子调节情绪。有的家长一直在努力地控制自己的情绪，却很难掌控孩子的情绪。其实孩子调节情绪的能力会对孩子今后的生活产生非常深远的影响。

🔊 情绪无好坏之分

家长不要对孩子的情绪进行价值评判。在生活中，有的家长往往喜欢孩子正向的情绪，比如开心、快乐等，不喜欢孩子的另一类情绪，比如嫉妒、愤怒、害怕、恐惧等。

事实上，情绪没有好坏之分。情绪本身并不会让人变得软弱或强大，但可以让人的情感变得更加饱满。家长要明白情绪没有好坏之分，不要因为觉得某种情绪不好，就不允许孩子把这种情绪表现出来。

家长要允许孩子表达情绪。当孩子很愤怒，或者某种情绪特别强烈的时候，家长想让孩子的这种情绪马上消失是不可能的。家里的"小祖宗"肯定有生气得要掀房顶的时候。这时该怎么办呢？

方案一：把"小祖宗"的手捆起来，否则掀了房顶没地方住啊！

方案二：不去管他，让他去掀吧，反正不住在顶楼，没有房顶。

这两种方案代表了家长处理孩子情绪的两种常见方法：压制或者置之不理。有的家长总是希望孩子能够找到平复情绪的方法。然而，家长对孩子情绪的否定往往起不到平复孩子情绪的作用。

举个例子：孩子心爱的小飞机玩具找不到了，难过得哇哇大哭。妈妈不理会孩子，孩子缠着妈妈说："我要那个小飞机，它是我最喜欢的玩具。"妈妈说："东西不见了很正常，快别哭了，出去玩玩就好了。明天妈妈如果有空带你再买一架。"有的家长觉得妈妈这样说已经非常温和了，觉得妈妈没有批评孩子弄丢自己的玩具，还同意买新的玩具，孩子应该破涕为笑，不再难过。

事实上，妈妈并没有对孩子当下的感受做出回应，没有回应孩子强烈的情绪，所以孩子并不知道该如何处理自己心中的悲伤，孩子会这样想："我这么难过是错的，妈妈觉得没什么，那一定是我自己出了什么问题！"

回应孩子的情绪

家长要明白情绪没有好坏之分，要允许孩子表达情绪，还要回应孩子的情绪。

允许孩子表达自己的情绪是否等同于允许孩子随意发泄情绪呢？当然不是。孩子即使生气了，也不应该随意破坏物品。孩子需要把情绪表达出来，可以选择一种适当的表达方式。孩子如果非常生气，很想用"打"的方式来宣泄情绪，那么可以选择打抱枕，而不是打人。这就是规则意识。家长允许孩子表达情绪，但要规定孩子表达情绪的方式。家长要让孩子知道哪些行为是被允许的，哪些行为是不被允许的。家长一旦确立规则，就要坚决执行，孩子就能明白什么样的做法是妥当的。孩子可以宣泄情绪，但要采取适当的方式来宣泄。

家长如果学会了正确地面对孩子的情绪，在孩子大哭大闹的时候，就可以用恰当的方式去引导和帮助孩子调节情绪。

和孩子一起"同仇敌忾"

有一天，我和朋友聊天，向朋友倾诉最近遇到的不开心的事儿，没想到朋友竟然没问清楚事情的来龙去脉，就开始和我一起"讨伐"对方，甚至说得比我还要狠。

看着朋友"同仇敌忾"的样子，尽管我知道那件事情并不全是对方的错，但我内心的委屈还是得到了抱持。那一刻，我所有的不开心都烟消云散了。

想到小时候，每当在外面遇到一些不公平的事情，我都会很气愤地告诉外婆，平时对我很严格的外婆便和我一起生气，有时候甚至比我更气愤地"讨伐"我说的那些人："啊？竟然有这种人？怎么会干出这种事情？真气人！明天我找他说理去！"

每当外婆说完这番话之后，我无论有多气愤，都感觉自己得到了理解，原本那些让我觉得特别难过的事情就被我淡忘了。现在想来也奇怪，外婆是一个爱讲道理、不偏不倚、规矩甚多的人，为什么会说出那样偏袒我的话呢？

从小到大，我遇到过很多人和事，也感觉过生气或者难过，也喜欢和周围的人分享自己的感受，有时虽然知道是自己做得不对，但仍然觉得委屈。我的一位朋友会认真地帮我分析到底是谁对谁错，摆事实，讲道理，把事情客观还原，把每个人的责任按照百分比精确地算出来，他觉得这样做才是公平公正的。但是，在极度委屈、极度愤怒的时候，我需要暂时不用分辨是非对错的安慰，我需要朋友的"同仇敌忾"。其实孩子也是如此。

🔊 道理我都懂，但我很委屈

假如某一天，孩子回到家，十分愤怒地告诉妈妈："妈妈，今天我气坏了，我的同学踢了我一脚，好疼啊！他太坏了！"妈妈会怎么回应呢？妈妈也许会说："来，告诉妈妈发生了什么，他会无缘无故地踢你吗？你有没有先动手？"

妈妈经过了解，也许发现了孩子隐瞒了部分内容。原来孩子先去逗弄同学，然后同学才踢他。妈妈也许会说："谁让你先逗弄他呢？你下次管好自己，这没什么好生气、好委屈的。"结果孩子只好独自一人在一旁哭泣。

妈妈的回应看上去是在讲道理，但让孩子感受不到温暖。孩子为什么要找妈妈哭诉？是因为他感到委屈了。虽然孩子知道自己也有错，但他的内心是委屈的，他想得到妈妈的理解和安慰。

虽然孩子明白自己不应该先逗弄同学，但孩子心里依然难过。当孩子向妈妈哭诉，或者愤怒地说起自己遇到的不公平的事情时，妈妈不要急着当"法官"。

父母要和孩子站在一起，教育自然就会发生

比如上面那个事例，孩子十分愤怒地告诉妈妈："妈妈，今天我气坏了，我的同学踢了我一脚，好疼啊！他太坏了！"妈妈可以这样回应："哦，天哪！他竟然踢你，我看看，是不是很疼啊？"妈妈马上看看孩子哪里被踢伤了，还可以去揉一揉，接着说："他真的很没礼貌啊！他这样对你，你一定很生气吧？妈妈和你一样生气。他竟然无缘无故地踢你，真是太不对了！"

其实孩子明白同学并不是无缘无故地踢自己，自己也有错。孩子听了妈妈的话，明白妈妈是站在自己这一边的。孩子或许会沉默，或许会说："其实是我先逗弄他的，他生气了，又来踢我。我也有不对的地方，但他踢得我太痛了。"

如果孩子沉默了，妈妈就可以这样说："现在你可以告诉我具体发生了什么事吗？"然后询问细节，再和孩子详细讨论。

孩子告诉了妈妈事情的缘由，妈妈不必再多说什么，因为孩子已经从妈妈这里得到了想要的偏爱，也受到了教育。伴侣也好，亲人也好，朋友也好，维系关系的往往是偏爱。茫茫人海中，之所以我能和某个人成为朋友或伴侣，是因为我爱这个人比爱其他人多一些，这就是偏爱。父母和孩子之间也是如此，因为你是我的孩子，所以我爱你比爱其他孩子多一些。这种爱，往往体现在无论何时，孩子感到委屈了，父母都会维护孩子。哪怕全世界与孩子为敌，父母也要与孩子"同仇敌忾"。

不要把孩子当成亲生的

有一段时间，我在认真地思考一个问题：为什么有的老师对自己孩子的态度和对自己学生的态度有很大的反差？有的老师在学校里对学生很温柔，循循善诱，但经常吼自己的孩子，有时候气急了，甚至会对孩子动手。学生觉得自己的老师很温柔，很讲道理，但是老师的孩子觉得自己的妈妈脾气很暴躁。

很多家长都觉得自己的孩子特别难带，当自己火气上来的时候，能让自己好受一点儿的方法就是默念"亲生的，亲生的……"，如此反复念若干遍。但默念"亲生的"也许并不一定管用。事情有可能这样发展："亲生的，亲生的！既然是亲生的，为什么不像我呢？我小时候哪有这么不好教！"接着"啪"的一声，暴力就开始了。

我找到了一个可以避免脾气暴躁的办法，就是不把孩子当成亲生的。这样有以下好处：

家长不把孩子当成亲生的，可以减少家庭暴力

比如有的家长这样说："这孩子要是我的儿子，早就被我揍了！"有的家长往往能容忍别人家孩子的种种不良行为，但是容不得自己的孩子犯错误，虽然美其名曰是"我要对自己的孩子负责"，但实际的想法是"这是我的孩子，我就要严格管教"，于是就容易出现怒吼或体罚。

"因为我是你爸爸，所以我可以打你。"假如把"爸爸"换成"叔叔"，第一句变成了"因为我是你叔叔"，是不是下一句就变成"所以我要跟你谈一谈"呢？

用这个办法可以有效遏制暴力行为。家长如果在打完孩子之后后悔万分，那么可以在想打孩子的时候思考一下："假如孩子不是我亲生的，我这一巴掌有必要打下去吗？非要通过打孩子才能解决问题吗？"

家长不把孩子当成亲生的，有利于互相尊重

有的家长觉得孩子是自己养大的，孩子必须懂得感恩，孩子不能违背家长的意愿。如果家长这样想，孩子就容易变成父母的附属品，容易丧失自己独立的思想，容易丧失自主权。

家长可以把自己的孩子当成朋友的孩子。当朋友的孩子想表达自己的意见时，家长还会阻拦吗？当朋友的孩子做出一些令人不愉快的举动时，家长还会呵斥吗？肯定不会。

其实孩子是独立的个体，只是从小依附在家长的身边成长。从心理层面讲，孩子如同一艘即将驶离家庭港湾的小船。家长如果总是阻拦孩子的意愿，总是呵斥孩子，就容易引起亲子冲突。家长可以尝试把自己孩子当作朋友的孩子，也许就可以和孩子一起坐下来探讨人生。

家长不把孩子当成亲生的，有利于孩子自我特长的发挥

在孩子成长的过程中，有的家长发现自己孩子的表现不如自己，就容易生气上火。有的家长觉得自己小时候德、智、体、美、劳样样优秀，生气孩子为什么不像自己，觉得孩子除了会捣蛋以外没有别的特长。这些家长可能没有想过这样的问题：孩子为什么不能走和家长不同的道路呢？孩子为什么不能过自己的人生呢？

家长如果不把孩子当成亲生的，就有了静静地坐在一旁欣赏孩子的闲心。在家长欣赏的目光中，孩子便成长起来了。

曾经有很多家长和我说过："老师，在你的眼里，我们的孩子都是好的。"那是当然的，孩子们不是我亲生的，所以我有闲心静静地观察和欣赏。而这种观察和欣赏恰恰是孩子成长路上不可或缺的。

家长如果不把孩子当成亲生的，就会有闲心去等待孩子成长，就会有心胸去包容孩子的叛逆，就会给予孩子成长的空间，就会尊重孩子的个性。其实亲人之间也是如此，伴侣之间也是如此。人与人之间，如果有了敬畏和尊重，就会少了很多矛盾。

真实的青春期是这样的

讲到青春期，家长会想到什么？比如叛逆、不听话、早恋、厌学等等，家长有没有想到一些积极正向的关键词呢？

青春期是一个特别令人沮丧的阶段吗？

从某种角度来说，青春期的确是一个特别令人沮丧的阶段。有的青春期孩子会给父母"甩脸色"，话里带着火药味儿，一言不合就开始大吵大闹，容易沉迷游戏，喜欢穿奇装异服，喜欢留奇形怪状的发型，容易看不惯一些事情，觉得身边的人比较虚伪，觉得自己非常厉害，但真正去做事情的时候，又做得不尽人意。

不过，作为老师，我特别喜欢处于青春期的孩子，特别想和家长聊一聊青春期孩子的话题。

青春期孩子为什么像随时会爆炸的炸弹？

如果孩子已经进入青春期，那么家长不必惊讶孩子在这一两年内会变得暴躁不安，往往一句话就能把孩子的脾气点燃。处于青春期的孩子就像"易燃易爆物品"，但这并不代表孩子的人品出了问题，而是和孩子体内的激素分泌有关。青春期是孩子的生理和心理都处在急速转变的时期，孩子从一个小孩逐渐变成一个大人。

孩子到了青春期，父母需要明白，孩子已经不是从前的他了。孩子以前之所以那么听话懂事，是因为当时还是个孩子，现在是一个即将成为大人的独立个体。家长不要和孩子同时发脾气，否则就会引起一场家庭大战。关上门，让孩子冷静一下，情况会好起来的。

青春期孩子不听劝吗？

有的家长觉得青春期孩子的确不听劝。而我要说，事实可能不是家长想象的那样。

青春期孩子特别可爱的地方在于，孩子如果喜欢家长，就会把心里话告诉家长。只是有的家长并不讨青春期孩子喜欢，家长往往会这样想："我一和孩子讲些什么，孩子就会爆炸。为了不点燃这个'炸弹'，我还是少讲点吧。"于是，家长明明看到孩子做错了，出了问题，却因为害怕触碰雷区而睁一只眼，闭一只眼。其实家长这样的做法要不得。

雷区就在那里，迟早都会爆炸。家长不要被青春期孩子的外表迷惑了，不要以为孩子摆出一副嫌弃家长的样子，就说明孩子听不进任何劝告。青春期孩子虽然表面叛逆，总是对很多事看不顺眼，但仍渴望得到家长的指导。在孩子发完脾气之后，如果家长和善诚恳地告诉孩子应该如何处理刚才发生的事，那么孩子依然愿意接受家长的意见。

青春期孩子为什么容易和家长爆发战争呢？因为孩子希望在家长面前宣布自己是一个具有独立人格的个体，希望拥有主动权，所以孩子会因为早上穿什么裤子而和家长发生争执。不过，孩子依然很愿意听取家长对自己学业的规划或其他指导，前提是孩子能够感受到家长的真诚。

青春期的孩子虚伪吗？

青春期孩子往往有些自以为是，认为自己是全世界的中心，觉得自己非常完美，但实际上又做不到那么好。

青春期孩子有可能觉得大人比较虚伪，不够真诚，甚至觉得世界被迂腐的大人搞得一团糟，假如自己来管理社会的话，一定能管理得非常不错。青春期孩子有可能批评大人虚伪，但是觉得自己占点儿小便宜没什么大不了。

有的家长会问：青春期孩子说一套做一套，是不是很虚伪？科学家研究过，这种情况被称为"青少年的虚伪性"，这种虚伪性与思想不成熟有关，并不属于人格缺陷。换句话说，这是因为青春期孩子的大脑发育暂时出现了不稳定，需要时间慢慢改善。

家长不必急于纠正青春期孩子的行为，因为孩子的大脑发育还处在顾此失彼的阶段，远远没有家长想象的那么周到。

家长可以多带孩子参加社会实践，让孩子看到社会真正的样子，这样孩子就会慢慢发展出对社会的认知，也能逐渐明白自己应该怎么做才比较合适。

◀) 青春期孩子有哪些让家长惊喜的地方？

上面讲的是有关青春期孩子的常见问题，到底青春期孩子有没有令家长惊喜的地方呢？当然有。

青春期孩子的成长是突飞猛进的，孩子的进步很快，孩子有可能在某一天突然掌握了自己原先怎么也学不会的内容。

以前怎么也弹不好的曲子，突然有一天孩子会弹得很顺畅；以前怎么也练不会的投篮技巧，突然有一天孩子找到了窍门；以前怎么也跑不快，突然有一天孩子会跑得特别快。

青春期是孩子肆意生长、掌握主动的黄金时期，孩子甚至会感受到自身发生的种种变化，除了身体在快速发育以外，思维也会发生很大的变化。以前怎么也想不通的问题，孩子突然间就想通了；以前不怎么感兴趣的话题，孩子突然间喜欢上了；以前需要父母逼着练琴，孩子突然间来了兴致，一口气弹上半天；以前喜欢窝在家里，孩子突然间喜欢上了户外运动。

这些变化得益于孩子的大脑发育，孩子的空间意识和身体敏捷性得到了空前的发展。随着脑部顶叶的发育，孩子演奏乐器的水平和体育运动技能似乎在一夜之间得到了很大的提高，孩子自己都觉得有些不可思议。所以说，青春期是孩子的学习黄金期。

孩子即将迎来青春期，家长不要如临大敌，而要为之高兴，为之庆贺，因为孩子将会迎来属于自己的一段精彩难忘的人生。

和青春期孩子沟通，不要把顺序搞反了

有的家长会这样讲："孩子小时候还能跟家长说说心里话，等到孩子长大了，就不理家长啦！"很多家长特别担心孩子到了青春期就不和自己讲话了，也不听自己的话了，那该怎么办？

我特别喜欢青春期孩子。青春期孩子并不像家长想的那样高冷，并不是什么话都不想说，实际上他们很热情，很想说，很愿意分享。到底哪一种才是青春期孩子的真实面目呢？以上都是。这就是青春期孩子心理发展的特点，存在心理闭锁性与开放性之间的矛盾。

🔊 青春期孩子的沟通对象

青春期孩子和幼儿期孩子存在很大的差别。处于幼儿期的孩子，只要想说，就会尽情地说。青春期孩子往往会认真地选择倾诉的对象，如果觉得倾诉对象不理解自己，就会对这个人封闭自己，变得很高冷。

青春期孩子一旦认为某个人值得交心，就会把心里话都倒出来，不存在什么代沟。

说到代沟，有人认为这和年龄有关。俗话说，三年一个代沟。也有人说，年龄差得越大，共同话题就越少。其实这些话有一定道理，但也不全对。

青春期孩子之所以不愿和父母沟通，不一定是因为年龄差，往往是因为存在权力的较量。青春期孩子往往不喜欢和有权威的人沟通，比如父母或严厉的班主任。青春期孩子愿意和一些态度比较温和的成人沟通，并且愿意从他们那里得到一些建议和帮助。

孩子之所以不愿和家长说心里话，并不一定是因为孩子进入了青春期，有可能是因为家长采用的沟通方式不太妥当。其实青春期的叛逆并不是必然选项，有些事情做对了，青春期就没有叛逆。

🔊 什么样的亲子关系可以扛过青春期？

什么样的亲子关系到了青春期也不会变得生疏呢？家长需要做到以下几项：

首先，家长要尊重孩子。有的家长把孩子当成可以随意使唤的对象，总是对孩子下命令，让孩子屈从于自己。如果一个孩子长期被家长使唤，长期受家长指使，到了青春期，孩子的自主意识就会开始出现萌芽，孩子就会选择逃离。如果孩子无法逃离，无法反抗，那么沉默会成为他的主要武器。

其次，家长要善于倾听孩子的心声。有的家长特别想和青春期孩子沟通，尽量找出话题，结果对话很尴尬。家长与其挖空心思地找话题，不如认真地听孩子说。

有的家长无法忍受青春期孩子自以为是、瞻前不顾后、盲目冲动的样子，爱对孩子评头论足，这样会让孩子不愿再和家长倾诉。孩子认为家长并不是理想的倾诉对象，于是开始对家长封闭自己。

有的家长不愿意花时间听孩子讲校园生活或同学趣事，其实家长通过倾听能够得到很多回报。家长不要认为孩子讲的那些无关痛痒的小事是没有价值的，其实孩子掏心窝的话就隐藏在这些小事当中。

孩子们很喜欢和我聊天，他们觉得我很理解他们。我总是认真地听他们谈论各种事情，笑眯眯地看着他们，适当地做一些回应。他们说得很开心，往往会把很多事情一股脑地告诉我，我就成了孩子们中间的成人"卧底"。

家长要走进孩子的心里并不容易，首先要让孩子感觉家长是安全的，其次要让孩子感觉家长能接纳自己，最后要让孩子觉得家长说的是对的，家长一定不要把顺序搞反了。

如何平稳度过青春期

有一段时间，我接到了好几个求助，都是来自青春期孩子家长的。我不禁感慨，平安度过青春期是多么不容易啊！

青春期孩子有时激动起来甚至会对父母动手。前段时间，我遇到一个小姑娘，她一气之下把她爸爸的手臂咬破了。有人这样劝告孩子年龄尚小的家长："不要总是打他，小心等他长大了，有力气了，会跟你对打。"这话绝不是危言耸听，有的青春期孩子的确会跟父母对着干。

有的青春期孩子还会跟父母抢手机或其他电子产品。如果父母不给手机，有的青春期孩子就暴跳如雷，或者离家出走，或者要死要活。面对躁狂的青春期孩子，家长该怎么办呢？

如何应对青春期孩子的不良行为？

孩子这么闹，家长究竟应该怎么办呢？

首先，家长不要太焦虑。 如果孩子在青春期之前表现得一直不错，那么如今的不良表现可能只是暂时的青春期现象。有的青春期孩子就像"易怒易爆易燃物品"，一点就着，一言不合就开炮。

青春期孩子的家长要放轻松，相信这一切都会过去的。一般来说，初中是孩子的青春期问题暴露得特别明显的阶段，孩子到了高中就会慢慢好起来。实在难以忍受的时候，家长可以这样安慰自己：青春期总会过去的。

其次，家长与其对孩子讲道理，不如和孩子一起倾诉。 青春期是孩子学业压力比较重的时期，所以孩子变得焦虑、暴躁很正常。试想一下，作为家长，如果我们的工作压力陡然增大，那么我们也容易变得脾气差、紧张、焦虑。

面对青春期孩子，家长要做好共情，要多倾听孩子的诉说，不要总给孩子讲道理，不要总是指责孩子的错误，而要和孩子站在同一条战线上，然后逐渐把孩子拉到自己的阵营中。

和青春期孩子相处的过程中，家长难免有碰钉子的时候，比如家长想和孩子共情，孩子却对家长嗤之以鼻。家长不要担心，碰钉子是正常现象，这说明家长暂时无法理解青春期孩子的内心世界。钉子碰多了，家长就会了解雷区的大致模样，今后沟通起来就会更顺畅。

最后，家长一定要守住底线！ 家长要明白，孩子闹着要手机的时候，如果不是家长一味忍让，孩子就绝对不会发展到站在楼顶上要跳下去的地步。

孩子如果已经发展到要死要活的地步，那么以前肯定有过大闹一场而且得手的经历。孩子发现自己闹得越凶，就越能得逞，那么，无休止的闹剧就开始上演了。家长步步后退，孩子步步为营，最后两败俱伤。

家长一开始就要让孩子知道家长的底线，不仅需要用语言告诉孩子自己的底线，还需要用实际行动向孩子说明。家长不必表现得特别凶，只需要镇定，并且说一不二，绝不妥协，这样较量过一两回，孩子就会明白了。

每个孩子都想好好地生活，不可能随随便便地说不想活了，除非孩子得了抑郁症。家长如果已经和孩子闹得不可收拾，就需要寻求专业人士的帮助。

第六章

用有趣的方式养育乐观的孩子

育儿的路上，家长会经历各种各样的"打怪升级"，"怪兽"常常更新换代，让家长防不胜防。如果家长只会对孩子讲道理，那么即使讲得口干舌燥，孩子也不会买账。谁希望别人在自己耳边每天念念叨叨呢？谁愿意每天听重复的话呢？要想让孩子愿意听家长的话，家长就需要改变原有的育儿模式，采用孩子愿意接受的、有趣的教育方式，这样不仅能让孩子愿意听家长的话，还会让孩子变得更乐观、更积极，能交到更多的朋友。

如何帮助孩子战胜悲观

面对失败，有的孩子能找出原因，能让自己振作起来；有的孩子比较悲观，会产生一种无助感。

"我很糟糕。"

"事情都是我搞砸的。"

"我以后再也没有朋友了。"

"我的妈妈再也不会喜欢我了。"

悲观的孩子即使面对的是一些无关紧要的小事，也会让悲伤消沉的情绪围绕自己。家长往往这样安慰孩子："你并没有搞砸，大家依旧很喜欢你。"或者说："妈妈是这个世界上对你最好的人，永远都爱你。"诸如此类，家长好言相劝半天也没用。

🔊 有理有据才能战胜悲观

面对悲观的孩子，家长简单的说教往往没什么用处。家长只有教孩子学会反驳自己的悲观结论，从悲观的结论中找出谬误，才能让孩子摆脱悲观情绪。

孩子的大脑往往比较感性，存在着习惯思维。有的孩子习惯用悲观的方式思考问题，家长就需要反复训练孩子的理性思维。

比如孩子考试考砸了，回到家告诉家长："我就是个没用的人，我永远考不好的！"这时候家长要带着孩子做有效的反驳练习。

首先，家长要认识到孩子的这种想法是非理性的。其次，家长要明白孩子的这种想法是非常顽固的。最后，家长需要拿出确凿的证据来反驳孩子的这种想法。家长如果不这样做，就很难改变孩子原有的悲观思维。像"你已经很棒了""你并没有很差劲啊""你的朋友都很喜欢你啊"这样的话只是空洞无用的口号。要想让反驳站住脚，证据非常重要。

理性情绪疗法

这里我要介绍一下认知流派的情绪理论，叫作情绪 ABC 理论。当一件事情 A 发生的时候，随之而来的并不是情绪 C，而是想法 B。之所以不同的人面对同一件事情会产生不同的情绪，是因为他们的想法或解释方式不一样。恰恰是孩子的想法或解释方式导致了悲观、沮丧、失望的情绪。家长要做的是先改变想法 B，从而改变情绪 C。

改变中间的解释环节 B 并不是那么容易，就像长满小草的原野上，原本有一条路，孩子已经习惯走这条路了，这时候家长却想要孩子换一条路走，肯定需要花费很多力气。

我先来介绍如何改变孩子对事件的解释方式。如果孩子习惯悲观失望，就说明孩子对事情的解释方式存在偏差，往往存在灾难化倾向，习惯把事情的责任都归咎于自己，甚至认为事情的结局无法改变，会把事情的结局看成万劫不复的深渊。

比如考砸了这件事，家长可以让孩子同时找出考砸了的证据和没考砸的证据，把两方面的证据都摆出来。孩子往往习惯这样找证据："我的好朋友比我考得好，我比上次考得差，我是全班最差的。"孩子往往会忽视这样的证据："另一个同学这次也考砸了，这次考试的难度比较大，虽然我是全班考得最差的，但我和倒数第二名的差距只有一点点。"

比如有的孩子不重视考试前的努力，往往会这样考虑："小明每次考试都轻轻松松，而我却怎么也做不到轻松。"家长可以这样问孩子："你在考试之前复习了吗？小明在考试之前复习了吗？小明上课听讲走神了吗？你走神了吗？小明拖欠作业了吗？你拖欠作业了吗？"

记录观点，发现问题

悲观的孩子往往这样认识考砸这件事："天哪，我又考砸了，我说过自己学不好数学的。我很笨，我不管怎么努力，都是没用的。同学们一定都比我考得好。我是最没用的，我真没用！"家长可以从这段话中看出孩子认知中的漏洞。

孩子说出如此悲观的话，家长可以让孩子用笔记录下自己的问题，捕捉到自己的思维。因为一般情况下很少有人会这么做，所以非理性的情绪就应运而生了。

让孩子用笔记录问题，这个过程特别考验父母的坚持和耐心。家长可以耐心地坐下来，拿出纸和笔，和孩子一起记录问题。其实用不了多久，家长就会发现原本悲观的孩子慢慢地变得不一样了。

家长可以从孩子的认知下手，用充分有力的证据去反驳孩子的悲观想法。针对同一件事情，家长可以找出不同的解释方法，比如这次考试之所以考砸了，可能是因为孩子设定了一个过高的参照标准，也可能是因为孩子考前在贪玩，没有好好复习，也可能是因为考题的难度比较高……家长可以罗列出多个原因，然后选择其中一个最接近事实的原因。

🔊 化解孩子的灾难性思维

接下来，家长要化解孩子的灾难性思维。什么叫灾难性思维？举个例子，孩子觉得考试考砸了就如同到了世界末日，就如同天要塌下来了，再也没有人愿意理他了，等等。这时家长可以和孩子一起分析最坏的结局和最好的结局分别是什么，一起讨论哪一种结局最有可能发生。

🔊 寻找可行的办法

然后，家长可以和孩子一起寻找可行的办法。比如一件坏事发生了，同学嘲笑孩子很笨。我们该怎么办呢？难道坏事发生了，我们就没法过日子了吗？

家长可以和孩子一起分析这件事，在分析的过程中，孩子的思维就会慢慢发生改变。

经过一系列努力之后，孩子有可能惊奇地发现："原来我的脑子里有这么多想法，而我平时从来没有仔细考虑过。"

其实解决这类问题的办法比较简单，只是需要家长的耐心和精力。说到底，教育是一场马拉松，只要家长愿意坚持，孩子就会有奇迹发生。

"妈妈，我没有朋友……"

如果孩子有一天告诉妈妈："妈妈，我没有朋友，我很难过。"妈妈该怎么回答？

有的妈妈会这样回答："不会的，我的宝贝这么可爱，这么棒，一定会有小朋友愿意跟你交朋友的！"

或者说："放心吧，你一定会有好朋友的，他们都会喜欢你的！你这么棒！"

或者说："只要你在学校里表现很棒，就会有小朋友喜欢你，跟你做好朋友哦！"

这样的回答只能给孩子暂时的安慰，没有实质的效果。到底该如何回应呢？我们来模拟一段对话。

孩子："妈妈，我没有朋友，没有人愿意和我玩。"

妈妈："嗯，你想跟谁交朋友？"

孩子："坐在我旁边的女生。"

妈妈："嗯，你知道她叫什么名字吗？"

孩子："现在不知道。"

妈妈："你对她微笑过吗？"

孩子："没有，我有点儿不好意思。"

妈妈："你跟她一起做过她喜欢的事情吗？"

孩子："没有。"

妈妈："你跟她一起聊过她喜欢的话题吗？"

孩子："没有。"

妈妈："你知道她喜欢做什么事情吗？你仔细观察过她吗？"

孩子："没有。"

妈妈："妈妈教你，明天你去问问她叫什么名字，看看她的名字怎么写，你再把你的名字告诉她，也可以写给她看。"

孩子照妈妈说的做了。第三天妈妈又让孩子给对方一个微笑，问问对方喜欢做什么事情，并告诉对方自己喜欢做什么事情，说不定他们就会有共同的话题，很快就能成为好朋友。

交朋友的步骤

要想和同学成为好朋友，孩子要做的第一步是要知道对方叫什么名字；第二步是要有微笑的互动；第三步是要问问对方喜欢做什么事情，和对方一起做喜欢的事情；第四步是谈论双方感兴趣的话题。

朋友之间特别温馨的时刻便是一起做一件双方都喜欢的事情的时候，比如男孩一起打球，女孩一起逛街喝奶茶，这便是朋友间特别好的交流时光。

在和朋友聚会聊天的时候，一个常常以自我为中心的人，总会挑自己喜欢的话题侃侃而谈，不顾及别人喜欢或关心什么，久而久之，大家都不愿意和这样的人一起聊天。和朋友一起聊天时，我们要让大家都有倾听和倾诉的机会，不能剥夺朋友倾诉的机会。

最后一步是要让朋友觉得他在你心中很重要。要让朋友觉得你时刻都在关心他，在你的心里，朋友的位置是不可取代的，这样你们之间的友谊才会稳固。

孩子拥有过里程碑式成功吗？

前一阵，好友激动地告诉我，她的孩子以前总是逆来顺受，任人欺负，终于有一天奋起反击，正当防卫，不但战胜了对方，而且获得了正义的支持，孩子顿时信心大增。这件事情让她特别开心，因为她前一阵还在为孩子被人欺负而心焦。她说，经历了这件事情以后，孩子突然有了信心。

其实孩子都明白家长讲的道理，但不一定能做到。一旦孩子经历了一次成功，就会突然获得力量，拥有信心。这样的成功就叫作里程碑式成功。

里程碑式成功的作用很强大

里程碑式成功对于孩子的成长有着非常重要的意义，甚至能影响孩子的一生。

我回想自己小时候，三年级以前，站在讲台上讲话总是结结巴巴的，总是说得不流畅。有一天，在母亲节前夕，老师给同学们录音，录一句送给妈妈的祝福，结果我结结巴巴地录了好多遍，当时的挫败感异常强烈。

现如今，我认为自己特别擅长在人前讲话，特别喜欢与人沟通交流，特别喜欢在讲台上表达自己。事情的转机就是四年级儿童节班级朗诵会，那是我的一个里程碑式成功。

在那次班级朗诵会上，老师让每个同学到讲台上朗诵，我选了一首儿童诗，声音洪亮地朗诵完了，结果老师竟然给我评了一等奖。那一刻，我突然觉得，在众人面前讲话并不是一件很困难的事情，我从此喜欢上了演讲、朗诵，并且乐在其中。

那一次成功让我真正意识到自己能够在演讲或朗诵方面表现得很出色，甚至出色到超乎自己想象的程度，把我推向了自信的巅峰。直到今天，虽然我好多年没有联系过那位给我一等奖的老师，但她做的这一切我一直铭记于心。

再来说说我从自己孩子身上观察到的里程碑式成功。孩子一年级上学期的表现比较糟糕，一年级下学期有了一定的进步，到了期末的时候，老师都一致认为他的进步特别明显，还给他发了奖状。这件事情给孩子带来的触动非常大，从那以后，孩子虽然没有发生脱胎换骨的变化，但是的确进步很多。每当提起这件事情，他都感到非常自信。

突飞猛进的成长

很多人认为孩子的成长都是渐进式的，其实孩子的成长并不一定都是螺旋渐进式的，有些时候，孩子的成长是突飞猛进的。有专家说过，大家以为差生的进步是缓慢的，其实差生的进步往往是飞跃式的。里程碑式成功就是飞跃式进步的前提。

一旦孩子体验到了前所未有的成功，这种成功就有可能给孩子带来极大的自信。如何才能让孩子体验到这样的成功呢？

首先，里程碑式成功并不一定轰轰烈烈。这种成功可以是一次简单的小测验，也可以是一次非常简单的比赛，也可以是一次普通的挑战。只是这样的成功体验对于孩子来说是第一次，孩子以前从未在这类事情上体验过成功的快乐。

其次，家长要帮助孩子获得成就感。孩子会在哪一件事情上获得成功，往往是不可预测的。家长要为孩子创造尽量多的尝试机会，让孩子获得成功。如果孩子没有尝试的机会，那么获得成功的概率往往比较低。

这样的尝试可以是一次户外徒步，也可以是一次集体游戏，也可以是一次小小的比赛。总之，家长不要抱着"既然有可能失败，就不去了"的想法。有的家长以为孩子在某件事情上不可能成功，但孩子的成功往往是在家长料想不到的领域获得的，所以家长要摒弃对孩子的成见，让孩子去尝试，孩子才有可能成功。

我至今依然非常感激那位给我一等奖的老师，那虽然只是班里的一等奖，但对我人生产生的影响比我后来获得的任何奖项的影响都大。

家长如果发现孩子有了意想不到的进步，就多给孩子创造成功的机会吧！这样的机会会让孩子的人生开出绚烂的花朵。

希望每个孩子都能拥有值得铭记一生的成功体验，希望这样的成功体验能实实在在地改变孩子。

如何纠正孩子的不良行为

父母会在行为习惯不良的孩子身上花费很多精力，而且试过很多办法，往往收效甚微。举个孩子打人的例子：

"我和你说过多少遍了，不要欺负同学，你怎么不听呢？"

"你打同学，同学疼不疼啊？我打你，你疼不疼啊？"然后打他一下，让他感受一下，"疼吧？以后还打吗？""不打了。"但孩子还会在一段时间之后重现打人行为。

"我让你打！看我怎么打你！"孩子会挨一顿揍，但依然会欺负别人。

怎么办呢？家长首先要承认孩子之间存在差异，有些孩子的确存在不良行为，家长不要怨天尤人，也不要抱怨为什么生了一个不省心的孩子，而要积极地寻找有效的纠正方法。

通过社交故事纠正孩子的不良行为

有的家长之所以和孩子讲道理，是因为希望孩子在以后想打人的时候会想起家长的嘱咐："不要欺负别人啊！人家会疼的，就不会和你做朋友了。"可是，孩子在冲动的时候，根本不可能想到这些。

家长怎么做才能纠正孩子的不良行为呢？今天我介绍一个办法：编故事绘本，也就是社交故事。

以孩子打人为例，家长可以把孩子的不良行为用漫画或者拍摄的方式记录下来，编成一个大约100个字的简单故事。比如：我今天看到小明，没忍住打了他。然后在这句话的下面配上一张孩子打人的漫画，也可以让孩子表演出来。

在这个故事中，家长除了要描述孩子的不良行为以外，还要和孩子探讨一下打人行为的后果，比如小明的鼻子被我打出了血，他很疼，老师和爸爸很生气，再配上一张漫画。

接下来为打人行为找一种替代的表达方式，比如我今后想打人的时候，可以试着打一打桌子；还可以去抱一抱小明，而不是打他；还可以自己趴在桌上，握紧拳头，冷静一会儿。为每种方法配上漫画，也可以让孩子演出来。

然后在故事中告诉孩子控制住不良行为会带来不一样的结果，比如爸爸告诉我，如果我一整天都没有打人的话，爸爸晚上就会奖励我多玩一会儿积木游戏。

故事的结尾是爸爸实现了诺言，比如星期三这一天，我没有打人，回到家后，我告诉了爸爸，爸爸真的奖励我多玩 20 分钟积木游戏。为故事的结尾配上一张图。

这个简单的故事到此就讲完了，故事绘本也做好了。如果孩子的不良行为发生在班级里，那么家长可以把这本故事书交给老师。当孩子出现打人的冲动时，老师可以让孩子读一读这本书，冷静一下。如果孩子的不良行为发生在家里，那么家长可以把这本书放在孩子方便拿到的地方，让孩子平时读一读，或者有事情发生的时候读一读。

如果孩子没再出现不良行为，家长就要把承诺的奖励兑现给孩子。

社交故事背后的科学原理

有的家长感到奇怪，有时家长要求孩子做一件简单的小事情，孩子明明知道应该这样做，可就是做不到。其实这就是孩子的常态，因为孩子的大脑皮层发育尚未成熟。对于成人觉得很简单的事情，孩子有可能觉得很复杂。家长需要接纳孩子的现状，不要纠结"孩子什么道理都懂，就是总犯错"。

为什么社交故事的方法是有效的呢？这是因为社交故事非常直观形象。孩子读完这个小故事之后，可以清楚地了解自己有多种备选方法，每当冲动的时候，就可以选择其中的备选方法，让自己平静下来，不再出现不良行为。

另外，故事中的主人公就是孩子自己，这样能让孩子有很强的代入感，孩子的思路会跟着故事情节走。故事书中的图画会对孩子的情绪和行为产生纠正作用，这比家长的说教、怒吼、打骂管用多了。

社交故事的使用诀窍

社交故事的使用诀窍包括以下几个：

首先，家长不要期望一次把孩子所有的不良行为都纠正了。在使用社交故事矫正孩子的行为时，家长不要期望一次改变孩子所有的不良行为，可以每次只针对一种不良行为。孩子难免会有一些坏毛病，完美无缺的孩子是不存在的。

其次，家长要看到孩子的进步，允许孩子出现反复。有的家长刚开始很有耐心，但后来急切地盼望出现奇迹，看不到孩子取得的细微进步。孩子以前每天都打人，如今两天打一次，这就是进步。家长不要因为孩子两天后又打人就大发雷霆，否则就会前功尽弃，孩子也容易失去改变自己的信心。

孩子上周表现得非常不错，这周表现得不好，这就是反复。家长除了反思自己在实践中是否存在问题以外，还需要保持耐心，不要急躁。家长可以慢慢等待，多给予孩子鼓励，孩子的情况就会有转机。

最后，家长要允许孩子偶尔还会出现不良行为。比如说，一个患过重病的人，经过治疗基本康复，但是能恢复到体质极佳的年轻人状态吗？那往往是不可能的，能恢复到正常生活的程度就很好了。矫正孩子的行为也是如此，家长要允许孩子偶尔还会出现不良行为。

以打人为例，孩子如果以前每天都打人，如今一个月打一次，这就是很大的进步。家长不要期望孩子的不良行为能马上消失。

和孩子分房睡，家长可以这样做

为什么孩子大了需要和父母分房睡呢？这是因为分房睡是培养孩子独立性的重要举措。孩子如果已经很大了，还和父母一起睡，长大以后就容易出现一些问题，比如不够自立、比较黏父母、没有自己的主见等等，而且不利于孩子性心理的发展。因此，孩子尽量早一些和父母分房睡，越早越好。

🔊 分房睡的实质

孩子分房睡的前提条件是孩子安全感的建立。理论上，3～8岁的孩子就可以和父母分房睡了，关键是家长和孩子都要准备好。分房睡的准备，既包括物质上的准备，比如给孩子一个温馨舒适的房间，还包括心理上的准备。

家长和孩子分房睡并不是把孩子简单地推出去，而是要让孩子主动地走出去，家长再跨出门送两步。

家长不要在某一天突然和孩子说："我觉得你已经长大了，你可以在自己的房间独立睡觉了。"这样容易让孩子觉得家长硬生生地把自己推向未知的恐惧。

家长可以和孩子多次讨论一个人睡的问题，多次试探性地问孩子："你已经这么大了，是不是可以一个人睡觉了？是不是不用我陪着了？"

如果孩子回答："我怕黑，我怕怪物把我抓走！"那么家长不要这样说："瞎说，哪里有怪物？黑有什么好怕的？"家长可以这样说："哦，原来你怕黑，也害怕怪物，这听起来好像有些可怕，那你最近还是和我一起睡吧。"

在分房睡这件事上，家长一定不要着急。在分房睡的过程中，家长可以来回重复很多次，也可以这样告诉孩子："你的好朋友某某某已经一个人睡啦！他真的很勇敢。"家长还可以和孩子一起把卧室布置得温馨有趣，比如搭上一个帐篷，放上一个秋千，孩子慢慢就会愿意一个人在这么有意思的房间里睡觉了。

直到有一天，家长问孩子："你准备好一个人睡觉了吗？如果你害怕，我可以陪你一会儿。"如果孩子回答"那我试试吧"，就说明家长的分房睡计划成功一半了。

🔊 引导孩子分房睡，不要硬把孩子推出去

当孩子第一次独立地睡在自己的小房间里时，家长要做的努力才刚刚开始。家长不要期望孩子能快速独立入睡。家长需要陪在孩子床边，像以往一样，讲故事，聊聊天，平复孩子的情绪，甚至等到孩子睡着后再离开。有的孩子会在半夜醒来后跑进父母的房间。这很正常，家长要允许孩子这样做，不必感到焦虑。

过一段时间之后，当家长觉得孩子能够独自入睡了，就可以和孩子认真地商量："我觉得我现在不用等到你睡着以后才离开，你可以自己睡着了，你还有什么要求吗？"我家孩子当时这样要求：门要半开着，因为他怕黑，他睡着之前要我陪他聊天5分钟。

孩子入睡前，我会关上灯陪他聊天，或者听他说话，等到说得差不多了，再互道晚安。这表示他已经准备好自己睡觉了，然后我半掩上门，门的角度也是事先和孩子商量好的。家长这样做，孩子就不会觉得自己被硬生生地推到黑暗中了。孩子在家长的引导和鼓励下逐渐习惯分房睡，健康成长。

另外，我家每周都有一个例外日，在这一天，孩子是可以跟父母一起睡的。孩子对这个日子很期待，在这一天，孩子可以重温小时候躺在爸爸妈妈身边的感觉。家长要允许孩子时不时地重回小时候，要允许孩子在前行的路上回头，只有这样，孩子才能更坚定地向前走。

拒绝孩子时可以来点儿幻想

　　家长总会遇到需要拒绝孩子的时候，比如，孩子想买玩具，但是家里的玩具已经堆积如山；孩子想去游乐场玩，但是家长正忙得晕头转向；孩子想让家长陪自己，但是家长不得不出差。这时候怎么办呢？

　　商场里，一个孩子对妈妈说："妈妈，我要买这个玩具。"妈妈说："宝贝，不买了，咱们家里有很多玩具了，都放不下了。"孩子撒娇地说："好妈妈，你就给我买一个吧！"妈妈继续说："不行，宝贝听话，不买了，我们走吧！"孩子继续闹："不嘛！我要买，你给我买一个好不好？"妈妈很生气："跟你说了家里有那么多玩具，不买了，走吧！"

　　这样的结局大致有两种，第一种结局是孩子很失望，但是知道拗不过妈妈，恋恋不舍地走了；另一种结局是孩子开始撒泼，躺在地上哇哇哭，使出各种手段，上演一出好戏。

　　虽然结局不一样，但是孩子的感受都是一样的，就是不开心。孩子的要求被拒绝了，孩子的确会不开心，如果家长换一种孩子容易接受的拒绝方式，结局也许就会好得多。

换一种孩子容易接受的拒绝方式

　　孩子说："妈妈，我想要这个玩具。"妈妈可以这样说："哦，我也觉得这个玩具特别好玩，要是能买下来就好了。不过咱家已经有很多玩具了，我真的觉得你不应该再买玩具了。"孩子继续向妈妈撒娇："不嘛！这个玩具我没玩过，我想要，你给我买一个吧！"这时候妈妈可以这样说："我知道你特别想要这个玩具，那我问你，假如要买，你会选哪种颜色呢？我可以帮你记下来，下次有机会我们再买，怎么样？"

　　这时，妈妈要认真地听孩子说出他的选择，然后把孩子选的这一款玩具的名称记在本子上，或者拍照留存，然后告诉孩子："下次为你挑礼物的时候，我就可以挑这款了。"于是，这个问题就会得到解决，孩子往往不再坚持要这个玩具了。

有的家长会怀疑地问："真的能解决吗？"是真的。我曾经在我家孩子身上试过这个方法。我当时非常郑重地把他想要的那款玩具用手机拍了下来，并且告诉他，下次可以把这个玩具当作礼物送给他，但是今天不能买。孩子表示同意，并没有出现任何不开心的表情。当然，这个方法奏效的前提是家长言而有信和孩子没有匮乏感。

不过，如果家长说话总是不算数，那么孩子有可能不会相信家长过段时间再买玩具的话。另外，如果家长给孩子买礼物的预算比较少，那么这个办法也不一定管用。如果孩子在某一方面的需求经常得不到满足，那么这个办法也不一定奏效。

🔊 为什么孩子想一想就能满足？

接下来讲一讲为什么这个办法会奏效。

首先，家长拥有同理心。当说出"我也觉得这个玩具特别好玩，要是能买下来就好了"的时候，家长就已经和孩子站在同一条战线上了，孩子就不会觉得家长是和自己对立的，就不会把情绪发泄在家长身上。之所以家长不买这个玩具，是因为家里的玩具实在太多了，这时候孩子就不会和家长展开拉锯战，不会再缠着家长买玩具了。

其次，家长的后续行为给孩子留出了幻想的余地。有时候孩子幻想一下就挺开心的。我小时候很喜欢幻想，幻想我要是拥有那个玩具就好了，我要是能考一百分就好了，我要是总考第一就好了。幻想能够给孩子带来满足感。孩子提出要买玩具的时候，必定怀着对玩具的憧憬。当家长问孩子"假如要买，你会选哪种颜色呢？"的时候，孩子的憧憬依然在继续，并没有被家长硬生生地打断。当家长把孩子想要的玩具名称记录下来的时候，孩子会有一种愿望被重视的感觉，就不会那么难受了。

家长在拒绝孩子的要求时，一定不要毁掉孩子的幻想。

如何和孩子谈爱情

有的家长觉得和孩子谈论爱情有些困难，希望爱情最好不要在孩子高考前出现，也不要在大学毕业前出现，希望孩子最好等到大学毕业后再谈婚论嫁。

每个人都经历过懵懂的青春期，孩子情窦初开的时候，正是家长进行爱情观教育的好时机。如果孩子将来择偶不顺利，就可能会导致一段不如意的亲密关系，代价就太大了。

步入婚姻前的练习

一般来讲，即将步入青春期的孩子心目中往往会有一个比较喜欢的朋友，虽然这个朋友在孩子今后的人生中不一定会扮演重要的角色，但这个朋友的作用不可小觑。经过百转千回，我们往往会发现最终找到的爱人和最初喜欢的那个人可能有着几分相似。

一个人在步入婚姻前和异性朋友的接触都算是练习，这种练习是必要的。我们需要在和异性朋友交往的过程中逐渐建立自己的爱情观，最终确定适合相伴终生的人。

孩子也是如此，在与异性朋友交往的过程中，逐渐明白自己适合与什么样的人共度一生。家长应该鼓励孩子与不同类型的异性朋友交往。这种交往并不等同于爱情，孩子能在交往的过程中发展出与异性的交往能力和抉择能力，这种抉择能力也就是择偶的"眼光"。

如何和孩子谈论爱情的困扰？

一个人在青春年少的时候难免会陷入感情的纠葛，不管是单相思，还是两相情愿。当孩子为一段感情苦恼的时候，家长该怎么和孩子谈心呢？

这里讲一个案例，很多年前，我在高中实习，给同学们上了一堂以爱情为主题的心理课。课后一个女孩偷偷告诉我她寝室的一个同学恋爱了，可是那个同学并不幸福，天天哭。女孩觉得很困惑，问我："难道爱情就是这样吗？"

孩子在陷入青涩的恋爱时，或者目睹身边的朋友恋爱时，一定会有很多疑惑，父母并没有及时解答孩子的这些困惑。

当孩子和家长谈起班里同学之间的交往时，这便是家长向孩子灌输爱情观的大好时机，家长要牢牢把握住这样的时机。孩子和家长说起这些事情，也是在试探家长的态度。

家长可以说说自己对爱情的看法，甚至可以说说自己的初恋，这样做不仅可以拉近亲子关系，也能解答孩子的疑问。

如果孩子不想和家长谈论这些话题，那么家长可以试探地问："你们班哪个男孩比较讨人喜欢？""你们班哪个女孩比较可爱？"然后顺势聊下去，还可以顺便聊聊自己小时候的事。

家长和孩子聊自己小时候的事，是教育孩子的好办法，是拉近亲子距离的法宝。

🔊 传递正确的爱情观

和孩子聊天的过程中，家长可以把以下几点传达给孩子：

（1）爱有多种表达方式，不要选择既伤害自己又伤害别人的方式。

（2）在一段成熟的恋爱关系里，恋人往往会鼓励和帮助对方成长，而不会限制对方。

（3）在一段良好的恋爱关系里，双方都能给予爱，也能接受爱。任何一方一味地索取和付出都不是正确的爱。

（4）一个人如果经常感到困惑、沮丧、暴躁，就有可能陷入了一段不成熟的爱，就要尽早从中走出来。

当青春期孩子对情感感到迷茫时，家长一定要做好正确的引导。青春期孩子需要从家长那里了解到什么是好的爱情。

如何跟孩子谈"性"

儿童性欲的发展

其实孩子的性欲从很小就出现了。性欲往往伴随人的一生，毕竟物种繁殖是自然规律。人类如果没有性欲，估计早就灭绝了。

不管多大的孩子，对于性，对于自己的身体和异性的身体，都会非常好奇。这种好奇是天然的。孩子有这样的好奇，并不代表不纯洁。有的孩子会把这样的好奇表达出来，有的孩子会将其埋在心底。

我在教学实践中发现，有的孩子平时会讲一些与性有关的话题，或开一些类似的玩笑；有的孩子虽然口头上不讲，但是孩子的网络社交空间里有类似的痕迹。这都是正常现象。

马斯洛需求理论中最底层的需要是生理需要，生理需要包括食物、水、睡眠、空气和性等，这是一个人维持生命最基本的需要。

孩子需要了解性知识

家长要把性和邪恶、肮脏区别开，要让孩子避免不安全的性行为，要让孩子明白不安全的性行为会对身体造成伤害，以及不恰当的性行为会带来情感伤害和道德问题。孩子需要充分了解安全的性知识。

让孩子通过正当渠道了解性知识

家长要注重对孩子性知识的教育，可以直接教给孩子性知识，也可以让孩子通过正当渠道了解正确的性知识，保证孩子身心健康成长，将来孩子就可以顺利地走进婚姻，幸福生活。

不要让孩子受到网络不良信息的影响

孩子上网或玩手机有时的确让家长感到头疼。完全禁止孩子上网或玩手机是不可能的，但是网上的信息鱼龙混杂，有时会莫名其妙地弹出一个广告页面，出现露骨的画面。成年人可以关掉页面，就当没看见，可是孩子不一定能做到。有些游戏人物形象设计具有诱惑力，衣着过于暴露，情节过于成人化，孩子难免会受到影响。很多家长担忧网络不良信息会对孩子的成长产生负面影响。

几年前，我接触到一个男孩，他在家里上网的时候无意间点进了色情网站，看到了不良信息，后来在班里传播，还说脏话，结果同学纷纷来告状。我仔细一问，孩子说："我也不想这样，但是控制不住自己。"家长需要及早给孩子灌输正确的性观念。

如何和孩子谈性

家长要及早和孩子讲解性知识。性是人类生存繁衍的基础，性是一种本能，人与动物的一个重要区别在于人类的性蕴含着情感和伦理。

孩子小时候，家长可以和孩子探讨动物的繁殖、生育，这是非常有趣的科普知识。等到孩子大一些，家长就可以和孩子讲解性知识了。

告诉孩子什么是爱情

和孩子谈论性知识之前，家长可以和孩子讲讲什么是爱情。爱情是人类特别美好的感情。很多文学作品的内容都离不开爱情，这个世界如果没有了爱情，就失去了色彩。

孩子如果不了解爱情，将来往往就会盲目地模仿或简单地发泄欲望，就会对亲密关系产生认知误区，就会影响将来婚姻的幸福指数。

有些视频或漫画存在不正确的性认知，年幼的孩子一旦看到了这样的视频或漫画，往往还未感受到爱情的美好，就被不良的色情文化影响了身心。

家长可以和孩子一起看一些纯美的爱情故事电影，要让孩子明白，男女之间，比性更重要的是爱情，没有爱情的性是苍白的。

帮助孩子转移注意力

孩子被某些念头缠绕的时候，家长需要正确引导孩子，帮助孩子转移注意力，脱离原来的思维误区。一旦发现孩子在看不良视频或漫画，家长就需要和孩子谈一谈，多带孩子做一些有意思的事，让孩子慢慢淡忘那些念头。孩子只要沉浸在喜欢的事情中，就不会被无聊的念头所缠绕。

常见性教育问题解答

在给孩子讲解性知识时，家长可以参考下列内容回答。

（1）为什么这个世界上要有性？

因为人类要繁衍。有性繁殖的基因组合能够有利于物种的进化。孩子是父母基因的组合体。性是正当的，是必要的，只是人类有着羞耻心，不宜把性曝光在大庭广众之下，而应该将其当作个人的隐私。

（2）为什么我看到不良图片或视频之后会忍不住再去看呢？

普通人都会有类似的想法。

（3）如果我总忍不住去想或看怎么办？我是不是一个坏孩子？

普通人都会有这样的冲动，这很正常，这并不代表你就是坏孩子。没有自制力的人会沉迷其中，而有些人则能做到自我克制。

（4）如果我沉迷于不良图片或视频，会有什么后果呢？

你如果经常看那些不良图片或视频，也许就会影响今后谈恋爱、结婚，有可能影响你对幸福生活的感受。

（5）爸爸妈妈之间也有性吗？

当然有，不然怎么会有你呢？但是，比性更重要的是爱情。你如果不知道什么是爱情，就不要盲目地去揣测性，否则会破坏对爱情的感受。爱情是一种很美好的感情。

这样告诉孩子你在生气，比大吼大叫更管用

陪伴孩子时，有的家长经常忍不住发怒。而孩子的反应往往有些迟钝，家长气得快要爆炸了，孩子还完全不知道，一脸茫然地望着家长，似乎在说："你为什么生气？你什么时候开始生气的？我为什么一点儿也不知道？"

这时候，家长往往这样想："我已经忍你很久了，怒火在我胸中熊熊燃烧，你竟然不知道我生气了。"

人和人之间的交流也会出现这样的情况，我已经气得快要爆炸了，对方还不知道我在生气。在这种情况下，我如果突然爆发，就有可能把对方弄得不知所措，对方还埋怨："你生气了？怎么不早说？"

情绪的恰当表达非常重要。我们需要让周围的人了解我们的情绪状态，知道我们的情绪此刻已经达到什么样的程度。面对孩子时，家长需要准确地表达自己的情绪状态，这样孩子才能够根据家长的情绪状态进行积极有效的应对。

🔊 用评分让孩子了解家长的情绪状态

我在这里教给大家一个特别简单好用的方法，那就是情绪评分。家长可以明确地告诉孩子："我生气得要爆炸的分数是 10 分，分数越低，说明我的生气程度越低。"不过，只有对数字有概念的孩子能理解情绪评分的含义。面对更小的孩子，家长可以用颜色标识法，可以用四种颜色来表示情绪的状态，蓝色表示情绪很平静，黄色表示开始生气，橙色表示非常生气，红色表示气得要爆炸了。

和孩子约定好情绪评分之后，家长就可以在实际生活中运用了，不必再大吼大叫了。如果孩子的某些行为让家长非常生气，家长就可以很认真地告诉孩子："我现在的生气指数是 2 分，因为你刚才没有听我的话去收拾东西，如果你再不去收拾，我的生气指数就会升高，等升到了 10 分，你就会看到一个冲你发脾气的妈妈。"

这时，即使妈妈不吼叫，孩子也会赶紧去做该做的事情。孩子还会问妈妈："如果我把东西收拾好了，你的生气指数会下降吗？"

家长利用情绪评分的方法可以让孩子了解家长的情绪状态，孩子能够根据家长的生气指数来调整自己的行为。

情绪评分方法的运用原则

家长在运用情绪评分方法时，可以参考以下原则：

首先，家长要保证自己的情绪状态是稳定的。 家长不要前一秒告诉孩子自己的生气指数是 1 分，后一秒就变成了 10 分。生气指数即使在上升，也要慢慢地上升，不要一下子上升很多，否则孩子连改过的机会都没有，情绪评分就失去了实际的意义，还会让孩子觉得情绪可以像暴风雨一样不受控制。家长要给孩子树立一个情绪控制良好的榜样。

其次，家长要明确告诉孩子他的哪些行为会让家长非常生气，会让家长的生气指数升高。 家长不要模糊地说："你再这样我就要生气了。"否则孩子不知道哪件事会让家长生气。如果家长事先没有在这件事上沟通好，那么即使家长的生气指数爆表也是徒劳的，因为孩子根本不知道该怎么改。

家长学会了情绪评分方法，还需要在生活中经常运用，这样就可以避免在孩子面前大吼大叫了。

不要总对孩子说"不可以"

绘本《大卫不可以》讲述了调皮小男孩大卫的故事，大卫爱搞恶作剧，大卫的妈妈一直跟在他后面对他说"不可以"。

"不可以玩食物！"

"不可以在屋子里玩！"

"不可以挖鼻孔！"

现实中，有的妈妈和大卫妈妈一样，总说"不可以"。

有的孩子的确很爱捣乱，会在雪白的墙面画画，会在屋子里大喊大叫，会把锅碗瓢盆当成乐器敲得震天响。妈妈常常对孩子大喊大叫："你不可以这样！"但是吼叫真的有用吗？也许能管一点儿用，不过有的孩子听到妈妈说"不可以"之后，反而变得更起劲，怎么办呢？

🔊 把"不可以"变为"可以"

妈妈如果希望自己说的话对孩子管用，就要学会把"不可以"变为"可以"。这其实很简单，把角度换一换就行了。

有位朋友告诉我，她三岁多的儿子喜欢扔东西，喜欢听东西落地的声响。不管朋友说多少次"不可以扔东西"，孩子还是喜欢扔，扔出去之后听到响声就获得了满足。从某种角度来说，东西掉落的响声强化了孩子的行为，所以妈妈说一百遍"不可以"也没什么用，怎么办呢？

家长告诉孩子可以扔东西，同时要让孩子知道哪些东西可以扔，可以在什么地方扔。家长要给孩子设定扔东西的规则。

有的家长经常告诫孩子不要干某件事，在孩子的四周画上了"高压线"，限制了孩子的生存空间。孩子感受到了家长的限制，就会用反叛的方式来为自己争取空间。孩子会说："你总是对我讲这也不能做，那也不能做，请问哪些事情可以做呢？"

有的家长在限制孩子行为的同时，并没有把允许孩子做的事告诉孩子。比如孩子喜欢在墙上涂涂画画，家长只说："不可以在墙上乱涂乱画！不然我就打你！"家长这样说，是在震慑孩子，孩子一时被家长吓住了，过段时间有可能故态复萌。

家长可以在家里做一面专门用来涂鸦的墙壁，或者给孩子买一块可以随便涂鸦的小黑板，把小黑板挂在墙上，告诉孩子："你可以在这里画。"家长这样做既给予孩子涂鸦的自由，又可以避免让孩子弄脏墙壁。

这种方法既简单又有效，还能让孩子知道哪些行为是被允许的，给予孩子自由的空间。

让允许孩子做的事情成为关注的焦点

有的家长会说："我对孩子说不可以做什么，其实相当于从反面告诉孩子可以做什么。"

家长以为孩子可以利用排除法来领会家长的要求，但孩子并不一定能做到。家长说不可以在墙上画画，孩子不一定能想到可以在黑板上画画；家长说不可以在房间大喊大叫，孩子不一定能想到可以到楼下和小伙伴奔跑嬉闹；家长说不可以乱扔东西，孩子不一定能想到可以在自己的房间把玩具扔到筐里。

如果家长告诉孩子可以做某事，这件被允许的事情就能成为孩子关注的焦点，孩子就会有兴趣去做这件事情。同样，如果家长告诉孩子不可以做某事，那么这件不被允许的事情也会成为孩子关注的焦点，甚至还会强化孩子的这种行为。

就如同一个人不停地告诉我们："不要想草莓味的冰激凌，不要想草莓味的冰激凌，不要想草莓味的冰激凌。"结果我们的脑海里往往会出现一个草莓味的冰激凌。家长尽量多说"可以"，少说"不可以"。

第七章

家庭是孩子成长的发动机

　　家长希望孩子成就非凡，家长自己却想"躺平"，家长这样的想法根本行不通。孩子天生喜欢跟大人比，孩子在有意无意间就习得了家长的模样。家长是孩子的榜样，是孩子学习的对象，孩子会照着家长的样子前进。想要教育好孩子，家长首先要从自身做起。

做父母，没有什么捷径可走

"孩子不爱看书，怎么办？"

"孩子脾气很暴躁，怎么办？"

"孩子学习的时候总是不专心，怎么办？"

家长总会遇到很多类似的问题，而且非常焦急，不知道如何解决这些问题。

教育问题无解，是因为家长总不去尝试

有一个孩子注意力容易涣散，他的父亲找到我，问我有没有好方法来培养孩子的注意力。我简单地介绍了几种可以在家里玩的小游戏。这位父亲对儿子的教育很上心，经常为了教育孩子而大动肝火，也曾四处寻求方法。他从我这里了解到一些方法，但从没在孩子身上使用过，因为他觉得这些方法过于简单，不一定能奏效。

后来我遇到另一个注意力不集中的孩子，在和家长沟通的过程中，我向家长推荐了一套注意力训练教材，让家长在家里陪孩子练习。家长当场表示感谢，然而一年多过去了，家长从来没有陪孩子练过。

我这几年一直在幼儿园做关于培养孩子阅读习惯的讲座，有的家长听完讲座很兴奋，希望马上在自己的孩子身上试验一下。其实培养阅读习惯的方法非常简单，就是给孩子朗读，而且要天长日久地坚持下去。

几年前，一个女孩的理解能力比较薄弱，我和她家长沟通的时候建议，家长可以经常给她念念书，让她的理解能力慢慢得到提升。家长点点头，表示认可这个方法，但回去之后从来没有实践过，结果孩子的理解能力跟同龄人的差距越来越大。

有的家长购买很多教育书籍，希望从中找到教育的良方，其实有很多现成的方法，只是家长没有运用。

有些家长这样说：

"只给孩子读书就能提高孩子的阅读能力吗？"

"做几个游戏就能让孩子的注意力变好吗？"

"这孩子先天资质不够，怎样努力都没用的！"

"您教给我的方法我试过两次，可是孩子不喜欢，也不配合，最后只好作罢。"

"您说的方法挺简单，可我没有时间陪他练习。"

如果家长不坚持在孩子身上实践这些教育方法，孩子在一天天长大，原本对低龄儿童管用的教育方法就会渐渐失效。等到孩子长大了，家长说："我在他身上试过很多方法，都不奏效，培养孩子实在太难了。"

孩子的个体差异很大，有的孩子特别省心，有的孩子需要家长花费很大的力气才能教育好。有的家长会花重金让孩子参加培训班，但没有持之以恒地运用教育方法来促进孩子的发展。

其实，很多教育方法不一定有立竿见影的效果。家长热心参加教育讲座，请教教育专家，阅读教育书籍，希望从中找到一些方法，家长如果不坚持使用这些方法，恐怕就很难解决孩子的问题。

方法和坚持会带来奇迹

家长如果找到了好的方法，再坚持实践，就会有好的效果。我在陪孩子练跳绳这件事上深有体会。

一年级小学生大都会跳绳，区别只是谁跳得好，谁跳得不好。我家孩子天生肌张力很低，我曾经请大夫对孩子进行评估，结果发现孩子的肌肉力量很弱。孩子总喜欢坐着，走路不是很稳，好几岁了还容易摔跤，跳跃动作显得比较奇怪，根本不会甩绳子。

当我正在辛苦地训练孩子跳绳的时候，有一位同事回忆说，她不记得她的孩子当年是怎么学会跳绳的，孩子似乎玩着玩着就自己学会了。如果我总是哀叹孩子的先天条件不好，从不辛苦地陪伴孩子训练的话，孩子要学会跳绳就是很久以后的事了。

同样是学习跳绳，我家孩子需要父母的帮助，需要大家一起付出很多很多的努力，而别人家孩子自己轻轻松松地学会了，他的父母根本不需要在这件事上付出努力。

如果孩子学习某些技能不如别人家孩子那么轻松省心，家长就需要付出比别的家长更多的努力，去缩短自家孩子与别人家孩子的距离。我不会抱怨和哀叹，因为这是我的孩子。

于是，我和老公请教了很多体育老师，学习如何训练肌肉力量。体育老师教给我很多方法，我也在认真地观察和分析什么是孩子学习跳绳的拦路虎。

第一个拦路虎是起跳。跳绳需要保持身体基本直立，我家孩子由于力量不足，因此每次落地时都蹲着。于是我们从起跳开始训练，练蹲起、跳台阶、原地起跳等项目，每天练习这些项目将近一个小时。孩子那一阵每天练得满头大汗。

孩子最初跳三四下就会被绊倒。因为他做不到原地起跳，跳着跳着就跳到了别处，所以容易被绊倒。孩子力量不足，跳几下就跳不动了。后来我在地上画条线，让孩子跳的时候看着这条线，注意不要越过这条线。孩子每天坚持练习原地跳，同时进行力量训练。

刚开始训练的时候，我和老公一起为孩子甩绳子，孩子只管跳。我特别希望他能多跳几个，孩子偶尔连着跳上 10 个，对我来说都是惊喜。最初训练的那几天，我的手臂酸疼得快抬不起来了。

这样的训练方法能否奏效，我和老公并没有多少把握，但我坚信孩子只要坚持练下去，肯定就会有进步。

就这样坚持训练几天之后，孩子竟然有了明显的起色，从刚开始最多只能连续跳 5 个，到后来能连续跳 30 ~ 40 个，这中间只隔了 3 天！

后来，孩子对跳绳越来越有信心。不过，孩子是在我和老公甩绳的情况下跳的，和独立跳绳的差别还是非常大的。

接下来，孩子开始进行独立跳绳的训练。训练之前，孩子是这样独立跳绳的：孩子把绳子甩到面前停下，然后跳过去。我们训练孩子独立跳绳的过程是很艰辛的。孩子尽管进行了高强度的力量训练，但是每次只能甩一次，做不到连续甩两次。我们当时只能让孩子一个一个地跳。孩子每天的训练量是跳 300 个。这样训练了两三天，孩子突然之间会连跳两下了。

于是孩子开始两个两个地跳，每天的训练量是 300 ~ 500 个，外加力量训练。每天放学回家以后，孩子跳绳训练要花 1 ~ 2 个小时。

同龄的孩子也许早就能做到每分钟连续跳 100 下了。我们只有接受孩子的差距，才能帮助孩子成长。我不会这样指责孩子："别人都会，你怎么不会？"这样的话语不但会挫伤孩子的自信，也会让我自己陷入焦虑。

家长在教育孩子的过程中遇到了难题，就需要思考目前能找到的好办法是什么。家长找到办法之后，坚持做下去，总会有回报。

孩子在跳绳方面取得的进步比我想象的要大。我原本以为他需要两三个月或更长的时间才能学会和其他孩子一样跳绳，结果一个月之后，他竟然能连跳十几个了。尽管这样的进步在别的孩子眼里不值一提，但他和同龄人之间的差距正在慢慢地缩小。

教育孩子的过程中，没有包治百病的药

在成长的过程中，孩子难免会出现这样那样的问题，家长都会努力尝试去解决，但不是所有的问题都容易解决。如果家长只尝试了一两次，遭遇了失败便放弃，那么孩子的问题会随着时间的推移而变得越来越棘手。

很多家长从孩子一生下来就开始思考孩子该不该上早教班，该不该上补习班，该不该学点儿艺术课程，但不是所有的家长都明白为了当好父母而要努力学习教育知识。

网上有位妈妈分享了自己的故事。她带着孩子参加了一个很昂贵的早教班，但是孩子无法参与其中的早教项目，只会在旁边看着。也许有的家长会生气地训孩子："我花这么多钱，你竟然只在旁边看！"可是这位妈妈说："我之所以带孩子上早教班，是因为很好奇早教班到底在教什么。我认真地记录下了每堂课的各项活动，我一直在琢磨每项活动背后的设计理念，而且会查找相关的资料。"后来，她掌握了早教班倡导的早教理念，并把这样的早教理念注入日常生活，孩

子就能在日常生活中得到教育。这位妈妈如此用心，孩子将来不可能不优秀。

有的家长总期望世界上有一种针对孩子的特效药，可是这世界上哪里有包治百病的特效药呢？

有的孩子存在注意缺陷多动障碍，家长问我最多的一句话是："需不需要吃药？能不能吃药？"有的家长以为孩子吃了药便能包治百病。

家长教育孩子时，不需要使用药物，而应该找到适合的方法。哪怕有的方法看上去不起眼，家长也要在孩子身上尝试。一般来说，只要家长在孩子身上尝试一种方法，坚持上一年，孩子就会有惊喜的转变。

奇迹肯定会出现，前提是家长的坚持。家长的坚持非常不容易，正是家长的坚持，成就了不平凡的孩子。家长首先要找到有效的教育方法，然后要长期坚持实践运用这些教育方法。

孩子总喜欢和大人比，怎么办？

我曾经批改过一篇小练笔短文，印象颇深。短文描写一个珍惜时间的人，其他孩子写的是名人，如霍金、鲁迅等，那个孩子写的是自己的妈妈。孩子在短文中说自己的妈妈非常努力勤奋，每天回家健身，学英语，看书，虽然妈妈目前只是一个普通员工，但是孩子坚信妈妈将来一定会非常了不起。

🔊 孩子就是喜欢跟大人比

有的家长把孩子当成自己的骄傲，可是这位妈妈成了孩子心中的骄傲。其实家长都应该像这位妈妈一样成为孩子的榜样。

有的家长这样想："我现在凭什么要天天认真学习？我小时候已经认真刻苦学习了。我认真学习的日子已经过去了，现在只想每天下班后回家放松休息，难道不行吗？"

家长平时可以放松休息，不过如果家长不在孩子面前做出认真努力学习的样子，而只要求孩子认真努力，孩子就不一定会心甘情愿地听从家长的教导。

设想这样的家庭场景：家长让孩子认真做作业，孩子却看到家长在玩手机，于是孩子很不服气地说："为什么你可以天天看手机，而我却要认真学习呢？"家长要么训斥孩子一顿，要么对孩子讲上一堆大道理，但效果并不好。

记得班里有个孩子写过一篇习作，他在习作中说真希望自己快点儿长大，早点儿上班，因为大人上班以后，可以拿工资，下班可以玩游戏，多舒服啊！不像小孩需要天天上学，被大人管着。看到这里，家长会不会觉得很无奈？

这就是孩子眼中的世界，这就是孩子对这个世界的解读。孩子看到了什么，就会把世界解读成什么样子。不论家长把世界描述成什么样子，孩子只相信自己看到的样子。

孩子还特别喜欢和大人比。当家长被孩子问得说不出话的时候，往往会说："我是大人，你是孩子，能一样吗？"

听到这句话时，孩子只好把想要说的话咽回去，但会不甘心地说："大人就是这样欺负小孩子的！"

🔊 家长要做孩子的榜样

为什么孩子总喜欢和大人比？因为如今是讲究平等的社会，不论是学校，还是家庭，还是社会，人人平等，孩子不会因为自己年龄小而感到矮人一截，而且如今的孩子格外受到尊重。孩子认为，既然家长要我好好学习，那么家长也应该好好学习。

孩子之所以喜欢和大人比，往往是因为想寻找满足感和成就感。孩子如果发现自己在某个方面超过大人了，就会很开心，比如班里的孩子总愿意和我比身高。

家长不要期望孩子能明白家长当年也曾努力学习过。就算家长描述得多么生动形象，孩子并没有看到，往往不会有什么感觉。孩子只有看到家长通宵达旦地写文案，自律努力地锻炼身体，才会从家长身上受到启发和感染，才会像开篇提到的那个孩子一样，时时刻刻地把妈妈当成榜样，才会愿意听妈妈的教导。

要想让孩子听话，比较理想的办法是要让孩子佩服家长，让孩子把家长当成自己的榜样。如果家长做不到言传身教，孩子就会瞧不起家长，家长讲的大道理就是空话。

大家都明白培养孩子的阅读习惯很重要，有的家长曾多次要求孩子好好看书，但孩子未必愿意翻看一下。如果妈妈自己就有阅读的习惯，每天都读书，家里安安静静的，没有电视的喧闹声，孩子坐在妈妈身边和妈妈一起看书就是迟早的事。

亲子时光如同活生生的生活课堂，要比学校课堂上的情景小品、感悟反思等真实一百倍，也有用一百倍。

有的家长自己说着脏话，却要求孩子懂礼貌，孩子能做到不说脏话吗？家长不需要对孩子说教，而要做孩子的榜样，这比发号施令和训斥指责对孩子的成长更有益。家长不要害怕孩子和自己比，不要嫌孩子烦，要努力拓宽自己生命的宽度。家长和孩子相互激励，相互学习，这岂不是一举两得？

有的家长抱怨现如今社会对家长的要求过高，但需要明白的是，家长肩负着守护孩子鲜活生命的重任，社会对家长的要求比起家长肩上的重任，真的不算什么。

家长要成为孩子的榜样

有的家长一方面希望孩子非常优秀,另一方面希望自己混日子。殊不知,孩子一旦变得非常优秀,就有可能对家长混日子产生不满。有的家长觉得孩子这样想是不懂得感恩父母,但从另一个角度讲,家长可以对孩子提出要求,为什么孩子不能对家长提出要求呢?有的家长觉得自己希望孩子优秀的想法很正常,这样孩子将来才会有出息。可是,孩子同样希望家长优秀,也希望家长现在就有出息。

家长要让自己成为孩子的骄傲

有的家长步入中年,往往停止了学习,甚至没有了上进心。其实家长需要持续学习,起码要有一技之长,或者要让孩子看到家长的努力。

假如妈妈是单位里的技术骨干,孩子就会为妈妈自豪:"我妈妈在单位特别能干!"

假如妈妈是全能妈妈,烹饪技术一流,孩子春游时带的便当是特别棒的美味,孩子就会说:"我妈妈做饭最好吃!"

假如爸爸是公交车司机,孩子就会骄傲地说:"我爸爸开车又快又稳,乘客们都很喜欢坐他的车。"

假如爸爸特别好学,每天认真读书,考取了很多资格证书,孩子就会骄傲地对小伙伴说:"我爸爸特别努力,他考取了一张特别难考的证书呢!"

总之,家长要拥有值得孩子敬佩的特长。如果家长拥有特别厉害的一技之长,孩子自然就会对家长非常崇拜,这就会化作他的学习内驱力,对他的一生都有帮助。

家长不要在孩子面前说自己混得很惨。总有一天,孩子会感到非常疑惑:"为什么你会混得那么惨?为什么别的家长不会这样惨?"学做优秀的家长,让孩子为家长而感到骄傲,孩子就会变得更加积极努力,就会收获不一样的人生。

换种方式激励孩子

"你要好好学习，长大后不要像我这样没出息。"我曾经和一位家长讨论孩子的近况，当时孩子站在我们身边，这位家长对孩子最近的状况不很满意，扭头就对孩子说了这句话。

其实这样的话我听过很多遍。有的家长会对孩子说："你看看我现在多么辛苦，你好好读书，以后就不用像我这样辛苦了。"或者说："你如果不好好读书，以后就只能像我这样没出息。"或者说："你看看你爸爸现在哪方面都不如别人，每天早出晚归，还赚不到什么钱，你只有好好学习，以后才能享福。"

这些话听起来很朴实，也是家长的心里话，可对孩子说这样的话并不合适，这给孩子传递了一种不正确的工作观念，对孩子的成长非常不利。

用错了方法，孩子会否定你

小时候，我一直认为妈妈是世界上最能干的人，爸爸是世界上最伟大的人。他们懂得很多道理，不管我有什么困难找他们帮忙，他们都能搞定。

家长在外人面前对孩子说自己没出息，孩子肯定很难接受这样的现实，孩子不愿意承认自己最亲爱的人没出息，也不愿意让别人看到自己的父母难堪的一面，哪怕是在老师面前。

家长想用这样的方式来激励孩子，想让孩子从家长的困苦和磨难中懂得一些道理，但这种方式未必有效。一旦家长这样说多了，孩子就认为家长真的没出息，比较无能，就会在内心里少一分对家长的尊重，少一分对家长的敬仰。即使孩子听话，也可能源自家长的严厉。

有的家长认为不需要孩子敬仰自己。可是，父母是孩子的第一任老师，是孩子的榜样。假设家长在孩子心目中的形象是没有能力的，孩子如何能树立起远大的理想呢？孩子未免会想："我的父母没出息，我肯定也没出息。"

这样一来，家长对孩子的教育会变得更加艰难。家长劝导孩子好好学习，孩子会反问家长为何当初不好好读书。家长希望孩子将来有出息，孩子会反问家长为什么现在没有做到。孩子只是表面服从家长，而不是从内心真正认可家长。

换种方式激励孩子

家长通过贬低自己来激发孩子进取心的方式其实并不合适，也达不到想要的效果。家长不妨换种激励方式。

家长如果觉得现在过得很辛苦，就可以这样告诉孩子："爸爸虽然现在每天都早出晚归，但是依旧在努力，我正在为拥有更好的生活而奋斗。爸爸知道学习很辛苦，你可不可以和我一起坚持下去？"

家长如果觉得自己的工作赚钱不多，就可以这样告诉孩子："虽然妈妈现在赚的钱不多，但这些钱都是靠妈妈自己脚踏实地的努力赚来的。学习和做人一样，都要脚踏实地。"

家长如果对现在的工作不满意，就可以这样告诉孩子："爸爸虽然对现在的工作不满意，但仍在认真地工作。我要对现在的工作岗位负责，也要为争取更好的工作而积累经验。

不是每个人的工作都很轻松，而且待遇丰厚。大家都在平凡的岗位上工作，都可以将自己充满干劲的状态展示给孩子，用积极的态度去激励孩子，这比自我贬低要好得多。

体贴是会"遗传"的

每当午休时分，我都在批作业或备课，有时困得连眼睛都睁不开，就想趴在桌上休息几分钟。这时恰好有孩子来找我，孩子叫我一声，见我没反应，就持续地叫，或者推我一把，直到我帮他批改完作业或处理完事情才离开，孩子走之前并没有说声"抱歉"，也没有说声"谢谢"。还有一种情况，我趴在桌上休息的时候，听见旁边的孩子悄悄地说："呀，老师累了，我们等会儿再来吧。"

这是两种截然不同的态度，这和孩子会不会学习没关系，和孩子能力强不强也没关系，和孩子有没有一颗会体贴人的温柔的心有关系。

孩子体贴人的品质是"遗传"父母的

孩子体贴人的品质是从哪里来的呢？是父母那里"遗传"来的。

班里有个孩子生病了，另一个孩子下课后和我说："老师，他今天值日，我帮他做吧。"我很高兴孩子能有这样一份心，夸了句："你真是能替他人着想呀。"

没想到他这样回答我："老师，如果我们家有人生病了，其他人就会很尽心地照顾他。我生过病，生病的时候特别难受，我妈妈告诉我每个人都有困难的时候，我们要多为他人着想。"

我很感动，这个孩子妈妈一句话的效果比我说一万遍"要关心同学"的效果强多了。

我曾对有些人在别人休息时大声说话或弄出较大声响的行为表示不解。在我看来，休息需要安静，别人休息时，我习惯降低说话的音量，尽量轻手轻脚。

仔细思考原因，我认为这和父母的教育有关。每年寒暑假，我回到爸爸妈妈家，头几天早晨我起床很晚。不管是上午10点，还是11点，家里都安静得像没有人一样，甚至连原本会发出声音的报时钟也不响了。如果这时有人发出了较大的声响，妈妈就会提醒他要安静。不仅妈妈会这样做，妈妈休息的时候，爸爸也会这样做。

家长怎么做，孩子就怎么学

很多家长都非常关心和体贴孩子，为什么有的孩子依然没有"遗传"到家长的体贴和包容，甚至变得飞扬跋扈呢？这是因为家长往往只体贴和包容孩子，但对其他家庭成员并不体贴和包容。比如孩子睡觉的时候，大家都轻声细语，而爸爸休息的时候，孩子即使胡乱折腾，也没有人阻止。也就是说，孩子被特殊对待了。

在一个温馨和睦的家庭里，家庭成员之间的体贴应该是互相的。孩子小，需要照顾，父母就尽力照顾孩子。其他家庭成员需要帮助时，家长要让孩子参与其中，不要觉得孩子还小，做不了什么。帮爸爸倒杯茶，给妈妈拿双拖鞋，这都是孩子表达爱的方式。只有这样，孩子才能学会关心别人。一家人如果都围着孩子转，就不是在关心孩子，而是在溺爱孩子。

我非常关注孩子父母的性格。如果父母通情达理，温和有礼，那么孩子往往也是如此。如果父母待人苛刻或比较强势，孩子就有可能出现两种性格，或者习惯顺从父母，或者和父母一样待人苛刻或比较强势。习惯顺从父母的孩子将来长大了，往往很难为自己的事情做决定，总是需要父母帮助自己。和父母一样苛刻或强势的孩子，学会了父母的这种待人接物的方式，将来往往受不了父母的控制，于是学会了反抗，会变得更加苛刻或强势。

随着教龄的增长，我教的学生越来越多，越来越觉得老师的力量有限，而和睦的家庭氛围和父母良好的言行举止是千金难买的教育资源。

像善良、包容、体贴这些美好的品质，家长并不需要刻意去教给孩子，如果家长自身就拥有这些品质的话，孩子在耳濡目染中自然就拥有了。

你家孩子的救兵有多强大？

在家里，姥姥往往会这样对孩子说："孩子，你不要怕，你妈妈是我生的，如果她做得不对，我就可以打她！"孩子瞬间感觉有后台撑腰了。

🔊 孩子有强大的救兵——爷爷奶奶或外公外婆

在三代同堂的家庭中，当父母在严肃地教育孩子时，爷爷奶奶或外公外婆往往看不下去，开始训斥年轻的父母："你小时候也好不到哪里去，我也没把你怎么样啊！孩子还小呢！长大了就自然懂事了。"相信这样的情景会在很多家庭中上演。

有的家长希望和老人分开生活，能拥有一个独立的空间来管教孩子，但有的老人坚决要求和孩子们同住。于是，在这样的家庭中，孩子面对父母的教育变得有恃无恐："反正我有救兵，我的救兵很强大，可以打你。"家长本来要给孩子制订规则，要严格管教孩子，要孩子完成各种任务，结果效果并不好。

🔊 每个人都是独立的个体

家长不必过分责怪上一辈。人一旦上了年纪，就特别喜欢小孩子，特别心疼小孩子。老人觉得自己这一辈子过得特别辛苦，就不希望小孩子再吃那么多苦。当家长在教育孩子的时候，老人往往看不下去，这时家长最好换一个地方教育孩子，或者换一种柔和的方式教育孩子。

家中的老人遇到家长在教育孩子的时候，可以出去遛弯儿，等到遛完弯儿回来，家里就已经恢复了平静。

如果有条件的话，家长可以让自己的小家庭拥有一个相对独立的空间，只有这样，教育孩子的时候才能下得去"狠招"。家长既想让老人帮着洗衣、做饭、带孩子，又想在管束孩子的时候有一定的自主权，这往往很难同时做到。

　　爷爷奶奶或外公外婆这一代家长觉得孩子是自己生的，所以不管到了哪里，孩子都要听家长的。我们这一代家长往往无法改变祖辈这样固执的想法，只能从自身做起，告诉孩子每个人都是独立的个体。我们家长要从和孩子的共生关系中脱离出来，过好自己的生活。

父母才是最了解孩子的人

世界上有一种职业，没有许可证就可以上岗，这种职业就是当父母。我们都在不懂得如何当父母的情况下做了父母，都需要通过不断学习来改善自己的教育方式。

如今很多学校和社区都在指导父母学习育儿知识，父母需要在一点一滴的学习中成长。很多家长开始有意识地学习如何做一个好家长，学习如何培养一个身心健康的孩子，这对孩子来说是件幸福的事。

要寻求方法，更要实际运用

孩子的成长有着各种各样的不确定性，孩子难免会出现各种各样的问题，比如有的孩子做事拖拉，有的孩子粗心，有的孩子则一看到书就头疼……

家长在刚发现孩子问题的时候往往非常着急，会四处寻求帮助。教育专家或老师会给家长一些建议，但是建议并不是万能的，也许对某些孩子有用，也许对另一些孩子没有效果。有的家长一旦发现专家建议的方法对孩子没有马上起效，就会非常焦虑，转而寻求第二种方法。

有的家长在孩子身上用了很多种办法后，孩子依然"屡教不改"，家长就很灰心，只好任由孩子发展。

有的家长听了很多场家庭教育讲座，学习了很多育儿知识。教育专家有很多，建议和方法也有很多，然而专家的建议或方法不一定完全适合自己的孩子。如果家长只生搬硬套专家的建议，不因材施教，那么效果往往不理想。找到好方法之后，家长还要在运用的过程中随时进行调整，让其适合自己的孩子。

有位家长曾这样对我说："老师，我知道该如何培养孩子的阅读习惯，但我总是做不到。孩子很想听我讲故事，但我只想玩手机。孩子很喜欢听我读书，可是我上了一天班，晚上真的很累。我在反省自己，孩子的问题也许反映的是我这个家长的问题。"

我觉得，如果家长能有这样的反省意识，而且能够时刻反省和督促自己，那么孩子将来肯定会越来越好。

父母才是最了解孩子的人

家长不仅要学习各种育儿知识，还要运用这些知识，在孩子身上实践，用学到的方法帮助孩子成长，这是教育孩子的关键。我有一位老师，他的母亲得了重病，他陪母亲到各大医院看病，后来他开始学习医学知识，翻阅大量书籍，和专家交流联系，目的是能在医生提供的几种治疗方案中选出最适合母亲的一种。

有的家长认为应该请专业的人做专业的事，应该把孩子的成长托付给老师，应该把健康托付给医生。但孩子是一个复杂的个体，拥有独特的个性，孩子的成长需要父母的参与和指导。孩子在成长道路上遇到问题时，父母要成为孩子坚强的后盾，去努力为孩子寻求好的方法，并坚持运用这些好方法。父母才是最了解孩子的人。

要让孩子看见家长的不易

有家长咨询我关于孩子花钱大手大脚的问题，说孩子非常有优越感，花钱大手大脚，明明是不需要买的东西，孩子还是要去买。父母在家里变着花样地做早餐，可孩子总要到外面买着吃。孩子买东西时总选贵的，总想比其他孩子先拥有某样东西。孩子在学校里也很大方，有同学喜欢他的某样东西，他就毫不犹豫地送给同学。孩子出手阔绰，总觉得自己家里不缺钱。

孩子大方是好事，但是没有分寸就不对了。家长觉得自己赚钱很不容易，而且家境并不好，孩子不应该花钱如流水。

🔊 不要特殊对待孩子

孩子的问题是从何而来呢？原来孩子是独生子，家长很疼爱孩子，从小就给孩子买高档衣服，孩子每天都穿得很帅气。家长给孩子买东西时都选最好的，给孩子的感觉就是家里不缺钱。家长为了激励孩子好好学习，会这样说："虽然咱们家不是很有钱，但是爸爸妈妈再苦再累也会给你提供好的条件，你只需要好好学习就行了。"

孩子花钱如流水的习惯其实是父母造成的。家长疑惑地问："我已经对孩子说了家里不富裕，爸爸妈妈工作很忙，也很辛苦，为什么还是没用呢？"

这是因为"说"远没有"做"有效。家长是这样对孩子说的，但是孩子从家长的行为中感受到的却是另一种样子。

如果家庭条件不是很好，家长就没有必要给孩子营造出家庭条件很好的样子。有的家长会对孩子刻意隐瞒自己的辛苦，不想让孩子看到自己辛苦工作的样子。家长觉得自己辛苦工作都是为了孩子，如果让孩子看见了自己的辛苦，孩子就会担心父母或者感觉难过，所以就对孩子隐瞒。在孩子稍有察觉或者想帮帮妈妈的时候，妈妈就会对孩子说："妈妈不累，你去看书吧。"

父母不想让孩子承担起家庭责任，却以为孩子能体会到父母深沉的爱。事实上，有这样的觉察的孩子比较少。如今的孩子都是在蜜罐里泡大的，孩子觉得自己生活得很轻松，往往就以为父母肯定也生活得很轻松。

孩子只有看到父母的不易，才能懂得体贴父母

家长不妨让孩子看到自己的不易。家长下班回到家感到很疲惫，有时加班到深夜，喜欢某件物品却舍不得花钱买……这都是真实的生活状态。如果家长在孩子面前刻意隐藏真实的生活，让孩子生活在一种虚假的氛围中，孩子对生活和家庭的认知就只能停留在比较粗浅的层面上。家长不要期望孩子能够拥有像成人一样敏锐的洞察力，能够透过现象看到本质，这对孩子的要求太高了。

孩子在家长营造的环境中成长。如果孩子的某种意识已经形成，家长要想去改变就很难了。孩子是家庭中的一员，在孩子小时候，家长可以对孩子特殊照顾，但孩子长大以后，应该和其他家庭成员一样正常生活。如果全家人都把最优裕的条件给予孩子，那么孩子反而不懂得包容和体谅家人。

让孩子看见父母的不易，让孩子学会为每个家庭成员分担家庭责任，这比宠溺孩子好得多。

孩子特别需要父母情绪的稳定

有一篇孩子的作文是我批改过的最让我揪心的文章，文章的内容我一直记忆犹新：

"那天爸爸和妈妈又吵架了，妈妈哭着离开了，后来爸爸也走了，他们俩一整天都没有回来，爸爸晚上回来的时候告诉我妈妈不会回来了，我坐在冰冷的地板上哭了一整夜。"

这个孩子的父母在孩子上二年级的时候离婚了。据以前的老师说，孩子刚进校的时候各方面都不错，父母离异后，孩子经常不做作业，变得懒散，没有动力。

🔊 父母波动的情绪会给孩子带来压力

父母需要明白，父母的情绪是否稳定对孩子的成长顺利与否至关重要，让孩子产生压力的主要因素并不是父母离异，而是父母波动的情绪。

孩子对父母的情绪非常敏感。有的家长以为小孩子看不懂大人之间的争吵，其实研究发现，仅6个月大的婴儿在目睹了大人的争吵之后就会出现心跳加快、血压升高的反应。

长期目睹父母吵架的孩子往往很难调整自己的情绪，无法安慰自己，也很难集中注意力。家庭环境对孩子产生的影响实在太大了。

🔊 父母稳定的情绪比家庭结构的完整更重要

父母需要具备成熟的情绪控制能力。如果父母经常争吵，孩子就会感到无能为力，就会产生强烈的失控感。孩子只能无助地看着父母争吵，什么也做不了，这是一种非常糟糕的体验。

研究发现，家庭内部的婚姻压力有可能对孩子的学习产生负面影响，让孩子学习变差的家庭因素往往是父母情绪的失控，而非家庭结构不完整。

　　尽管父母离婚会对孩子的成长产生影响，但是，父母不幸福的婚姻生活带给孩子的压力比父母离婚带来的压力更大。

　　我以前遇到一位妈妈，她离异之后独自带着孩子生活，她经常向身边的人哭诉自己离异，哭诉孩子爸爸根本不管孩子。我能从她孩子的眼中看到无助和失望。我认为情绪控制是父母特别重要的必修课。

离婚对孩子的影响有多大？

在心理学中，有些事件被称为重大生活事件。重大生活事件不一定都是负面的，也有正面的。结婚和离婚都属于重大生活事件，都会对当事人产生巨大的影响，都会让当事人的内心出现不小的波澜。

当走到是否离婚的十字路口时，当事人很难做到情绪稳定，甚至会方寸大乱。如果家中有孩子，孩子就会受到一定的影响，家长应该努力把这种影响降到最低。

离婚并不意味着失败

有的家长认为离婚意味着失败，觉得一个女人连完整的家庭都守护不住，哪怕事业再成功，也是失败的。一个人如果带着这样的想法结束自己的婚姻，就容易出现颓废、自我怀疑或自我否定的心理。其实，很多人之所以选择离婚，往往是因为敢于追求自己的人生。

换一个角度看，处在婚姻中的两个人要在生活的道路上结伴同行，如果对方跟不上自己的节奏，或者想与自己分道扬镳，而我硬要拉着对方继续一起走，结果就是要么其中一方总在妥协，要么双方总在争吵。如果人生一直在妥协与争吵中度过，那么岂不辜负了沿途的风景？

一个人发现婚姻不适合自己，他如果拥有独立的经济能力，拥有独立的人格，拥有自我的追求，往往就有勇气果断地放弃这段婚姻。从这个角度看，离婚并不意味着失败。

不要让孩子背负父母离婚的压力

孩子都希望自己的家庭是完整幸福的，但父母离异的孩子并不会觉得自己属于异类，他们也能从同伴中找到要好的朋友。同学们也不会将父母离异的孩子看成异类。

有的父母虽然维系着婚姻，但是感情不和，貌合神离，这对孩子产生的压力也很大，孩子往往会感到非常孤独。

孩子们都希望父母幸福快乐地生活在一起，但并不希望父母（特别是母亲）怀着"等我熬出头就离婚""等孩子大一点儿就离婚"的想法强忍着度过每一天。我们往往能从一个人的脸上看出他的婚姻是否幸福，孩子也很清楚父母在一起生活是否幸福。家长不必为了孩子在婚姻的苦海中挣扎，那种滋味并不好受。

大家都不希望走到离婚的地步，但是如果婚姻实在无法维系，双方实在无法忍受下去，那么最好痛快分手，而且不要自责，也不要责怪对方。

有的父母在离婚后总在孩子面前数落另一方的不是，他们一方面想表达自己在婚姻中的无辜，另一方面想用这种方式来赢得孩子的支持。孩子会陷入困惑："到底我爸说的是真的，还是我妈说的是真的？"

对于一个未成年的孩子来说，父母如同他的天与地。离婚后的父母如果把这样的问题抛给年幼的孩子，就对孩子非常不公平。有的离异妈妈还会让孩子决定跟哪一方一起生活，甚至会对孩子说："要是你跟了他，那我就会非常悲惨。"家长一旦说出这样的话，就说明没有考虑到孩子的感受，甚至要让孩子为自己的选择背负上一辈子的内疚感。

离婚双方大多会争夺孩子的抚养权，都希望赢得抚养权，但最好不要把选择权交给孩子的同时再让孩子背负上压力。

让孩子正确认识父母离婚的原因

即将离婚的父母最好冷静地告诉孩子："很抱歉，我们可能要离婚了，但是你的生活并不会受到影响。"父母可以向孩子描述一下今后的生活，消除孩子对未来的顾虑，同时告诉孩子："虽然我们离婚了，但这件事跟你没有任何关系，这并不是你的错，而且我们始终如一地爱着你（对孩子表达爱很重要）。你并没有被父母抛弃，以前没有，现在也没有，将来也不会。"

有的孩子会反问："你们为什么不能像以前那样爱对方呢？你们现在要离婚，当初为什么要结婚呢？我不要你们离婚！"

讲到这里，我推荐一本非常好的儿童小说《我的妈妈是精灵》。这本书用比较科幻的方式讲述了一个非常实际的问题：孩子如何处理父母离异的问题。书中有一句话让人印象特别深刻："感情是这个世界上最黏的胶水。"

　　这本书里的主人公是一个叫陈淼淼的小学生，她的父母正打算离婚。当得知这件事后，她和其他孩子一样，第一反应也是用多种方式阻止父母离婚，比如离家出走、学抽烟等，企图让父母重归于好。她这样想："如果我的情况很糟糕，那么他们肯定会被吓坏了，就不会离婚了。"她的父母刚开始的确为了孩子不离婚了。

　　可后来陈淼淼发现，提出离婚的父亲虽然答应不和妈妈离婚了，但是过得并不快乐。他整夜整夜地看碟片，渐渐消瘦，没有笑容，也没有精神，跟以前判若两人。陈淼淼发现，不离婚给父母带来的并不是幸福，而是煎熬。

　　她也发现，虽然离婚是爸爸提出的，但是离婚的过程同样给爸爸带来了伤害。一段婚姻结束了，都会给双方带来或多或少的伤害，毕竟当初是因为爱才走到一起的，都会感到惋惜或心痛。

　　在我们班四年级的时候，我把这本书推荐给全班同学看了。读过这本书的孩子都会对身边父母离异的孩子更友善。

　　父母要相信孩子的复原能力。如果家庭的结构发生了变化，父母离异了，孩子就需要一定的时间去修复这件事带给自己的创伤，不过孩子往往比我们想象的更坚强。

　　家庭幸福是工作的动力，也是人生希望的源泉。即使家庭婚姻状态不理想，家长也不要焦虑，不要沮丧。因为人生那么长，幸福都是通过争取得来的。

懂那么多道理，为什么依然教育不好娃？

有的家长会碰到一些困惑或难题，比如孩子不写作业、动作慢吞吞、不听话等，家长便从四处寻找教育法宝，潜心学习，有讲座就去听，有合适的书就去买，希望能找到出奇制胜的方法。

育儿知识不是教不好孩子的背锅侠

有的妈妈懂得很多育儿理念，明白对待孩子要有耐心和爱心，也明白好孩子是夸出来的，也希望做一个优雅温柔的好妈妈。但是一看到不听话的孩子，有的妈妈就会气不打一处来。

有的家长会说："所谓的教育心理学家研究出来的育儿理念是骗人的。这些专家的理念并没有经过实践的检验。其实打孩子一顿才是特别有效的教育方法。"

有的家长虽然一直在认真地学习育儿知识，也非常认同某些教育观念，但是扛不住其他家庭成员的反对："那些育儿方法都是纸上谈兵，根本不见效。家长即使懂得很多道理，还是教不好孩子。"

于是，有的家长陷入了迷茫："到底要不要学习育儿知识呢？我虽然懂得很多道理，但为什么还是把孩子教得一团糟呢？"

针对这个问题，我们需要认真分析一下上述问题的内部逻辑。按照简单的推理，我们很容易把这个问题推断为这样的逻辑：家长即使懂得很多育儿知识，也教育不好自己的孩子，这说明那些育儿知识是没用的。这种逻辑属于典型的偷梁换柱。

教育不好孩子的原因有很多种，即使家长懂得很多育儿知识，也不一定能教好孩子，但这并不代表那些育儿知识是没用的。育儿知识并不是教不好孩子的背锅侠。

📢 教育的作用是有限的，教育是有极限的

孩子接受家庭教育、学校教育和社会教育的同时，还受到先天遗传条件和社会文化的影响。家庭教育包括父母的教育、祖辈的教育，以及和孩子有亲密关系的亲人的教育。

📢 家长要像学开车一样学习教育方法

有的家长学习了很多教育方法，但并没有掌握教育方法的要领，在孩子身上实践得并不顺利。有的家长以为教育方法掌握起来很简单，以为一听就会，会了就能上手，上手了就有效果，可事实上并非如此。

比如学开车，大家都知道开车的时候需要踩油门踏板，转动方向盘，但是知道并不代表学会，如果想要学会开车，就需要反复练习。学习教育方法和学开车一样，家长要想真正掌握教育方法，就需要反复练习。家长头一天学习了注意力的训练方法，并不代表第二天实践起来马上就会有效果。

教育方法看起来简单，其实做起来并不一定简单。家长要想真正掌握一种教育方法，需要长时间练习和实践，需要认真消化，慢慢演练。

比如，当孩子有情绪的时候，家长首先要接纳孩子的情绪，再和孩子讲道理。这看起来很简单，但是在实践中就不那么简单了。有的家长火气一上来，控制不住自己的情绪，就忘记了要接纳孩子的情绪，马上和孩子大吵一架。家长在实践中有反复很正常。要想把这种看上去很简单的方法练到炉火纯青的程度，家长需要毅力和耐心。

实践教育方法的过程，就如同学开车的过程。家长学到一种教育方法后，一定要去实践。有时候之所以实践起来没效果，不一定是因为方法不对，很有可能是因为家长使用不当或不够熟练。举个例子，教练教给我们倒车入库的方法，可是当我们上车练习的时候，总是忘记看后视镜，结果碰到了车库的柱子。这并不是因为教练教的方法错了，而是因为我们练习不够，掌握得还不够熟练。

要想让教育方法见效，就需要花费一定的时间实践。家长一定要耐心，要不断修炼自己的内功。这个世界上没有多少见效快的灵丹妙药，教育尤其如此。孩子不是机器，而是一个独立的个体。孩子的思想或行为的改变轨迹往往不是折线图，而是曲线图。

　　很多教育方法往往不会在短时间内见效，需要家长反复使用，长期努力。有的家长特别心急，可以问问提供方法的专家，看看需要坚持使用多久才会有效。一般来讲，很多教育方法至少需要持续一个月的时间才会有效果，有的方法甚至需要好几年。教育从来都不是速成的。

　　教育妙招如同一本武林秘籍，如果家长拿到了武林秘籍，但是不去修炼，那么再好的武林秘籍也是没用的。这是因为修炼的过程远比读秘籍的过程更重要。

父母在孩子面前吵架的注意事项

很多教育专家强调父母不要在孩子面前吵架，父母也知道这样做特别不好，但当怒气上来的时候，实在顾不了那么多，毕竟父母的情绪也需要宣泄。

我们要一分为二地看待这件事。父母在孩子前面吵架的确不太好，但从合理解决冲突的角度来看，父母给孩子起到了积极的示范作用。孩子的成长需要父母的示范，孩子解决冲突的能力很多时候源自父母的示范。

父母吵架其实给孩子提供了观摩的机会，让孩子看到父母发生冲突和冲突得以解决的过程，这有利于孩子今后学会面对冲突，学会解决问题。

父母在孩子面前吵架的注意事项有哪些呢？

🔊 争执时注意措辞

父母如果无法避免争执，那么可以评论对方的行为，不要批评对方的人品。有的父母吵架后喜欢在孩子面前数落对方的缺点，希望以此拉拢孩子站在自己这一边，也许这样能给自己带来些许安慰。比如家长这样对孩子说："你爸爸真是一个自私的人！他只会想着自己。"或者说："你妈妈真是个愚蠢的人，想问题总是那么狭隘。"

孩子听了家长的这些话，容易对另一方家长产生成见，甚至会觉得今后与自己发生冲突的人在人品或个性上都是有缺陷的。其实，要想解决冲突，就不应该把问题归咎于对方的人品或个性，而应归咎于对方的行为和处理问题的方式。

妈妈可以这样说："当爸爸工作非常忙的时候，他就不会想到我需要什么，只会想着他自己，所以我就很生气。"爸爸可以这样说："当你妈妈需要处理很多事情的时候，她就会忘掉一些事情，所以做出的决定会有偏差。"

这样一来，孩子就明白冲突不是人品不好或个性不良造成的，而是在特定情况下某些行为导致的，这样的冲突是完全可以解决的。

当我们的父母发生冲突时，其中一方往往会数落另一方的人品或个性不好，我们从小便习得了这种不恰当的解决矛盾的方法。如今，我们为人父母，就应中止这种错误，要让孩子明白，冲突是可以解决的，冲突发生时，要讨论的是行为，而不是人品和个性。

🔊 父母吵架时不要将孩子卷进来

有的父母吵架时，喜欢把孩子牵扯进来，比如会这样说："要不是因为孩子还小，我早就跟你离婚了！"或者说："要不是有这个孩子，你以为我还愿意跟你过吗？"这样的话语如果让孩子听到，就容易对孩子造成一定的伤害。

孩子如果听到这样的话，就会想："这都是我的错，我的爸爸妈妈因为我才痛苦地生活在一起。如果没有我的话，他们就可能各自过得很好。"孩子有可能开始嫌弃自己，苛责自己，这样的后果往往是父母没有想到的。

父母要提前协商好，万一哪一天控制不住，当着孩子的面吵架，绝对不能让孩子听到某些话。这一点很重要。父母不要口无遮拦地吵架，否则孩子会很受伤，有些话可能对孩子的一生造成影响。

🔊 让孩子目睹父母如何解决冲突

父母一旦让孩子目睹了冲突的发生，就需要让孩子目睹冲突的解决过程，不能只让孩子看到父母吵架，而看不到父母如何和好的。父母和好的过程能够为孩子提供非常好的解决冲突的范本，孩子就能学会如何处理激化的矛盾。

化解冲突的理想方法不是逃避，而是坦诚沟通。父母要坦诚地互相道歉，说一说自己内心的想法，然后互相理解，并且告诉孩子："爸爸妈妈已经和好了，我们已经了解对方是怎么想的，我们已经为之前的行为互相道歉了。"

在婚姻生活中，感情再好的父母也会因为生活琐事而发生争执。父母最好避免争吵，但如果争吵让孩子看到了，就要向孩子示范是如何成功解决冲突的。

"讲民主"并不是放任自流

孩子不喜欢专制的家长，于是很多家长努力转型为"民主"的家长，凡事都跟孩子商量，凡事都尊重孩子的意愿。有的家长发现，不知从什么时候起，孩子并没有向着家长期待的方向发展，并没有学会独立思考，反而学会了顶嘴，学会了为自己的无理取闹辩解。

🔊 和孩子"讲民主"就是听孩子的话吗？

面对抉择时，很多家长都习惯听一听孩子的意见。选择某项课程或者买某件物品的时候，家长往往会说："我问问孩子喜不喜欢。"这是一种好现象，很多家长不再把孩子当作自己的附属品，开始关注孩子内心的需求，但是往往会偏向另一个极端，"民主"过了头。

比如，穿什么衣服，让孩子自己选；吃什么饭，让孩子自己决定；学什么课程，由孩子自己说了算。到最后，家长的"民主"变成了孩子想干什么就干什么的护身符，甚至全家老少都得听孩子的，因为孩子已经习惯了这种方式。我听说过这样一件事：一个孩子没有及时选课，没选到自己喜欢的课程，于是在家又哭又闹，非要上自己喜欢的课，于是家长兴师动众，做了很多工作，目的是帮孩子换成喜欢的课。家长这样说："我们家很'民主'，孩子乐意学这门课，我们得尊重他。"

这就是孩子眼中的"民主"，所有的事都得听他的，孩子无视规则或他人的感受。

🔊 和孩子"讲民主"就是无视规则吗？

在这种不恰当的"民主"氛围中，孩子很小就学会了表达自己的意愿，形成了属于自己的一套做事规则。在学校里，孩子写的字不够端正，老师要求孩子重新写，结果孩子对老师说："老师，我认为写字的目的是掌握生字的写法，不是为了练字。"

这话听上去很有道理，但明显偏离了初衷。孩子借"民主"之名，目中无人，无视规则。孩子应该懂得尊师重教的道理。

到底要不要和孩子"讲民主"？

家长可以和孩子"讲民主"，但讲的不应该是伪民主。家长首先要了解孩子的身心特征。孩子为什么要有监护人？这是因为孩子的认知能力、控制能力不足，孩子对未来的预见能力也不足。

比如孩子想学某种乐器，家长尊重孩子的意愿，买了乐器，报了班，等到孩子的新鲜劲一过，就进入了枯燥乏味的练习期，很多孩子就不想学了。如果这时候家长让孩子自己做决定是否继续学下去，那么孩子往往会说不想再学了。孩子无法预见长大以后音乐技能会给他带来什么。如果家长让孩子自己选择，孩子往往会选择放弃。

很多家长经常告诉孩子，现在如果不好好学习，以后就会有什么样的后果。如果家长讲完道理后便让孩子自己选择，而且告诉孩子，如果孩子选择不努力，那么他以后的生活由他自己负责。可是孩子往往还不明白什么是责任，孩子又如何能对他自己的生活负责呢？

因此，民主教育并不意味着家长在每件事上都要和孩子协商。孩子的身心尚未发育成熟，缺乏足够的知识和经验，孩子做出的决定不一定都正确。家长在该引领孩子的时候要起到引领的作用，不要觉得这样就会扼杀孩子的自主能力。

家长和孩子"讲民主"，要结合孩子的实际情况。在孩子有能力承担、能够自主决定的事情上，家长可以给予孩子充分的自主权，比如孩子作业时间的安排、衣物的选择、自己的业余生活等等。在一些重要的事情上，孩子可以发表自己的看法，但需要家长的把关和引导。孩子的独立、自主、负责的品质需要一步步培养，和孩子"讲民主"并不是放任自流。

第八章

劳动是最好的家庭教育

有的家长认为教育是非常严肃重大的事，觉得教育只会出现在很重要的场合，只会存在于很特别的事中。其实，教育存在于每一个日常瞬间，存在于每一件日常琐事中。孩子参与家庭劳动，家长需要付给孩子报酬吗？家长如何管理孩子的社交？这些都是渗透在日常生活中的教育。把握好教育的契机，不亚于给孩子认真地讲一个道理，不输于一堂教育课。蕴含在日常生活中的教育，就像阳光雨露一样，在无形之中滋养着孩子。

想让孩子爱上学习，要先让孩子爱上劳动

有的家长认为学习才是孩子最重要的事，其他事都没有学习重要。孩子的衣服脏了，妈妈来洗；吃饭时，妈妈盛好饭，端上桌；吃水果时，爸爸削好皮，切成小块……家务活统统是爸爸妈妈的事。

🔊 劳动能让孩子拥有多种良好的品质

有的家长习惯把孩子当成需要被照顾的对象，尤其在做家务这件事上，没有把孩子看成家庭中的一个成员。孩子上小学以后，有的家长不让孩子干家务，会这样说："孩子，你只要好好学习就行了！"其实家长这样做对孩子的成长并不利。结果家长看到孩子的学习不理想，又会说："家里什么活都不用你做，你怎么还是学不好呢？"

家长没有意识到，问题的症结就出在什么事都不让孩子做上。

如果孩子没有掌握基本的生存技能，承担不起自己应该承担的责任，那么家长怎么能奢望孩子可以管理好自己的时间，管理好自己的行为呢？

孩子如果从小参与家中的劳动，就会关心家里的事务，就会变得有责任感。举个很简单的例子，孩子如果一直习惯做家务，看到垃圾桶满了，就会习惯倒垃圾。日常的家务劳动让孩子养成了劳动的习惯，和从来不做家务的孩子相比，经常做家务的孩子往往观察得更细致，关心的事情更多，更勤劳。

孩子如果能够做一些自己力所能及的事，并且坚持做下去，就会更加合理地安排时间，甚至能够提高学习效率。家长要求孩子长时间专心学习，但孩子并不一定能做到。

在劳动的过程中，孩子难免会遇到一些问题，这正是锻炼孩子能力的机会。经常参与劳动的孩子会主动思考解决问题的办法。

学习的过程是孩子综合能力提升的过程。家长希望孩子能够合理安排自己的

时间，希望孩子能明白学习是孩子自己的事，希望孩子遇到问题时不会逃避，而是想办法解决，希望孩子能够承担起自己的责任。家长可以通过让孩子参加劳动来培养孩子的这些品质。

劳动能力是可以培养出来的

小孩子在某个时期会特别喜欢干家务活，这个时候就是孩子的家务敏感期。有的家长觉得孩子还小，不会干家务，或者觉得孩子干得很糟糕，就不让孩子干。

比如孩子喜欢洗自己的袜子，家长看到孩子不但洗不干净袜子，还把水溅得到处都是，就三下五除二地帮孩子洗了。再比如孩子想学炒菜，结果不是炒煳了，就是没炒熟，家长不希望孩子浪费食材，就不再给孩子尝试的机会。家长这样做其实是在扼杀孩子的劳动兴趣。

家长要支持孩子尝试和体验家务活。即使孩子洗不干净袜子，或者做菜不好吃，也不重要，重要的是让孩子拥有劳动的意识和兴趣。家长可以帮助孩子在劳动的过程中掌握劳动技巧。孩子不会洗袜子，家长就教孩子洗，而不是直接帮孩子洗了。

另外，家长不要这样说："孩子，你只要管好学习就行了。"家长应该让孩子明白自己是家庭的一员，理应分担家务。放手让孩子劳动吧！

孩子做家务，父母要给孩子报酬吗？

孩子做家务，父母要给孩子报酬吗？有的家长认为，孩子可以在家里用自己的劳动来赚取零花钱。这种想法究竟可不可取呢？

🔊 每一位家庭成员都有劳动的义务

不管孩子有多大，家长都要明确地告诉孩子：孩子是家庭里的一分子，孩子有做家务的义务。即使再小的孩子也有做家务的义务，比如扫地、倒垃圾等，起码可以把自己用过的尿不湿丢到垃圾桶里。家长要让孩子明白，家务并非只由父母来做，每个家庭成员都应该承担家务。

家长可以根据孩子的年龄段，给孩子分派一些适当的家务。虽然孩子一开始做得不怎么好，但孩子做家务的能力就是这样锻炼出来的。家长一次次放手，孩子才能一步步成长。

孩子做了家务，如果家长没给过孩子报酬，那么我建议家长今后也不要给。父母如果用金钱购买孩子的家务劳动，就会让父母和孩子之间的关系变成雇佣关系。父母和孩子之间的关系应该是家庭成员的关系，应该是合作关系。如果家长出钱让孩子干家务，那么孩子会理所当然地认为家务应该由家长做，和自己没有任何关系，孩子就会为了获得零花钱才去做家务。

这样发展下去，久而久之，父母就会发现孩子不愿为父母分担家务，每当父母让孩子做事时，孩子都会要金钱报酬。在日常生活中，我一直不赞成家长用金钱奖励孩子。孩子一旦习惯家长用金钱奖励自己，做事情的兴趣、动机和情感就会被金钱磨灭。假如有一天家长奖励孩子的金钱数额满足不了孩子的要求，孩子就会失去做事的热情。从教育的角度来讲，孩子做了家务，家长不应该用金钱奖励孩子。

合理地给孩子零花钱

孩子的零花钱从何而来呢？

首先，家长可以定期给孩子一些零花钱，就像发工资一样。家长引导孩子从小树立管理金钱的意识，让孩子学会理财。

其次，家长可以给孩子一些额外的奖励，当然，额外奖励的金钱数额不宜过高，奖励的次数不宜过多，只用在家长认为应该特别奖励的重要事情上。比如孩子主动地承担了家里的很多家务，妈妈可以说："孩子，你今天帮爸爸妈妈分担了很多家务，把本来属于我的那份工作也做了，妈妈很感谢你，我也想额外奖励你一些零用钱，以表彰你的辛勤劳动。"这样的奖励不宜过多，最好偶尔奖励一下，让孩子感受到表扬和激励，孩子觉得挺开心的，就可以了。

有的家长让孩子通过劳动来换取孩子的日常合理消费，比如吃饭、买新衣服等，这样的做法未免过于极端。孩子毕竟生活在家里，不是在单位上班。家应该是孩子感觉最温暖、最能被接纳的地方。孩子如果在家里只有付出才能得以消费的话，还能感受到家的温暖吗？

父母和孩子之间要有边界感，但父母不要把边界感划得过早，划得过深。孩子永远都是父母的孩子，在父母的臂弯里长大，如果父母急于把孩子从自己身边冷漠地推开，那么孩子往往也会变得冷漠或残酷。

家长承担了多少孩子本来能做的事情？

有的家长再三嘱咐孩子在头天晚上收拾好书包，结果第二天早上快要上学了，家长发现孩子根本没有整理自己的书包。家长一边替孩子整理书包，一边数落孩子："你答应我会整理书包，你看还有几分钟就要迟到了。你什么时候才能学会自己的事情自己做啊！"

孩子一边听着家长的数落，一边看着家长把书包整理好，然后背上书包，道个别，就急匆匆地走了。家长看着孩子远去的背影，长叹一口气："这孩子什么时候才能懂事呢？"

到底如何培养孩子的责任心呢？

责任心不是这样培养的

生活中，有的家长常常做着这样的事情：一边给孩子洗袜子，一边抱怨孩子昨天忘了洗；一边到学校给孩子送作业，一边埋怨孩子丢三落四；一边给孩子养的小动物喂食，一边数落孩子不管自己的宠物。

家长都期望孩子早日具备责任心，但事实上，家长用以上的做法是无法培养出孩子的责任心的。

换位思考一下，假如你是孩子，你有一个这样的妈妈，当你没有做好某件事情的时候，妈妈除了数落你几句以外，还会帮你把事情搞定，请问，你会决定以后认真地去做这件事情吗？

问题的根源在哪里呢？是家长的手伸得太长了，家长在孩子的领地指手画脚，还希望孩子能够对自己的领地有领导权，这如同把鸟关在笼子里，却抱怨鸟飞得不高。所以，要想培养孩子的责任心，要想让孩子变得独立，理想的办法是家长从孩子的领地"撤军"。

从孩子的领地"撤军"并不难

家长可以列个清单，看看哪些事是孩子能自己做的，家长却代替孩子做了。

拿我的一位朋友举例子，她的儿子上二年级，儿子每次洗澡时，朋友给儿子拿来所有的换洗衣服，帮孩子把换下来的所有脏衣服放进洗衣机。后来朋友每次走进浴室，都发现孩子把脏衣服扔得到处都是，如果朋友不给孩子拿来衣服，孩子就一直站在那里等着。

我告诉朋友：

（1）孩子可以自己去拿换洗的衣服。

（2）孩子可以自己把换下来的脏衣服放进洗衣机。

（3）孩子可以自己手洗袜子和内裤。

于是，朋友决定从这个领域"撤军"。当然，"撤军"的过程刚开始并不顺利。孩子自己拿来的换洗衣服让人哭笑不得，本来应该拿短袖汗衫，孩子却翻出了棉毛衫；孩子自己洗的袜子上面沾满了肥皂沫……这时候家长一定不要说："你不会弄，我来。"家长一定不要帮孩子去做这些事情，否则，家长前面所做的努力在伸手帮助的那一刻都归零了。

有家长问：如果任由孩子去做，结果孩子弄得一团糟，那怎么办？这时候就考验家长的忍耐力了。

这个时候，家长要对孩子放低要求，孩子做成什么样子都行，家长都要接受，不要流露出嫌弃孩子做得不好的神情，毕竟孩子还小。家长可以适当地帮助孩子，但不要说"你这样做不对""你做得不好"之类的话，否则会引起孩子的厌烦。

在孩子确实需要帮助的时候，家长要及时给予孩子帮助。家长要认可孩子做得不错，要让孩子知道做这些事情是孩子分内的事情，而且告诉孩子，今后家长要从这个领域撤离了。家长这样做，就能慢慢地培养出孩子的责任心。

司机收了钱，我为什么还要说"谢谢"？

我曾经看过这样一则新闻：一位出租车司机帮助两位女研究生搬行李，但临走时两个女孩竟然连"谢谢"都没对司机说，这让司机感到有些心寒，于是司机把自己的这段经历放到了网络上。

这件事告诉我们，当我们为别人服务的时候，别人的一句"谢谢"是对我们的肯定，也能让我们在精神上获得满足。一个常把"谢谢"挂在嘴边的人，一定懂得尊重别人的劳动成果，总是能看得见别人的付出。

感谢不是拿了报酬就能抵消的

有一次，孩子们写作文，有的孩子在文章中说谢谢清洁工，因为他们为我们的城市卫生付出了很多辛勤的汗水，但有的孩子反驳："不对，做清洁工是有工资的，我们为什么要对清洁工说'谢谢'？这是他们的本职工作啊！"有的家长这样说："做老师是有工资的，老师的任务就是教孩子读书学习，所以不用说'谢谢'。"于是孩子会说："我们为什么要感谢老师？做老师是有工资的。"

对，他们的话语在逻辑上是能站稳脚跟的，但在感情上是冰冷的。

在他们眼里，所有拿报酬的行为都不应该得到感谢。就像这位出租车司机一样，司机收了乘客的出租车钱，帮乘客搬一下行李，为什么要计较一句"谢谢"呢？

如果所有的事都因为拿了报酬就可以不用说"谢谢"的话，那么一个人来到这个世界上，唯一需要感谢的可能只有父母了。其实有上述的言论的家长和孩子对表达感谢这件事是有误解的。

表达感谢能给对方带来温暖和成就感

我们得到了别人的帮助，就应该向对方表示感谢，不能因为对方拿了报酬，我们就不去感谢对方。我们为对方付出的劳动支付报酬，我们感谢对方是在表达我们对对方劳动的尊重，表达对对方的欣赏。

我们感谢清洁工，是因为清洁工用劳动为城市带来了整洁，我们尊重他们的劳动成果，我们珍视他们的付出。报酬可以满足他们的日常生活需求，而我们的感谢能给他们带来精神上的满足。

我们感谢老师，是因为老师的谆谆教诲让我们懂得如何做人，如何做事。工资是对他们付出的报酬，我们的一句"谢谢"，则是对他们的付出表示由衷的尊重和感谢。

我们感谢给予我们帮助的萍水相逢的陌生人，尽管我们为对方的帮助或服务支付了相应的费用，但他们都希望得到一句口头上的感谢。

试想，你是一位餐厅服务员，当你给客人上完菜，客人对你说了声"谢谢"，你一定会觉得自己的劳动更有意义吧？

假如你在烈日炎炎的街头打扫卫生，一位路人对你说了声"谢谢"，你一定会觉得自己的工作其实也挺有意义吧？

金钱能买来劳动，但买不来成就感；金钱能换来物品，但换不来尊重。

多年来我对一位老师印象深刻。我和她交流的时候，她会为一些很小的事情对别人说"谢谢"，比如我递给她一支笔或帮她关一下门，她都会对我说"谢谢"，那一刻我觉得受宠若惊，又觉得对方很温暖。

会说"谢谢"的人，能让别人感到很温暖；善于说"谢谢"的人，会让人觉得很亲切。要想让孩子成为一个有素质、有温度的人，家长要先教会孩子说"谢谢"。

第九章

看见家庭中的每一个孩子

家庭中的每一个孩子都需要被看见。有的家长问，孩子每天都在自己眼前，自己怎么会看不见呢？这是因为家长常常只看到了孩子，却看不懂孩子内心的需求。比如多孩家庭，其中某个孩子会不会被家长忽略呢？比如处于青春期的孩子，家长往往不知道孩子在想什么。家长是孩子最依赖的人，理应多花一些时间在孩子身上，读懂孩子，听懂孩子，真正看见孩子。

多子女家庭中的每个孩子都需要被看见

在多子女家庭中，手足间的纷争常常令家长头疼。家长如何才能做到公平地对待每个孩子呢？如何让每个孩子都感受到家长的公平呢？这都是很重要的课题。

🔊 物质的均衡很简单，精神的平等不容易

大家一定对这样的场景很熟悉：一对老人有多个子女，其中肯定有日子过得好的孩子，也有过得不太好的孩子。老人总会把条件好的孩子送给自己的东西偷偷地塞给条件不太好的孩子，还会让条件好的孩子多帮衬条件不太好的孩子。老人觉得这样做很正常："你的日子过得好，你当然要帮一把啊！"

老人生病的时候，或者家里需要用钱的时候，条件比较好的孩子往往冲在前面，其他孩子逐渐觉得这是理所应当的。直到条件好的孩子因为不满只有自己一味付出而爆发，大家依然觉得："你有本事，多付出是应该的。"

如果条件比较好的孩子一直无怨无悔地为家庭付出，一直隐忍，那么家里还能相安无事。如果他不甘心一直这样付出，家庭混战就有可能发生。

有人会说："我肯定不会像这对老人这样，我要把一碗水端平。给两个孩子买东西时，一人一份；今后分财产时，一人一半。"在真实的生活中，情况并不会这样简单，父母无法做到绝对公平，物质上的分配相对容易做到公平，但精神上很难做到平均分配。

🔊 孩子们可以互相帮衬，但要被看见

一家之中，条件好的孩子可不可以帮助条件差的孩子呢？能力弱的孩子可不可以得到更多的帮助呢？其实这都是可以的，关键要看父母处理这些事情时的态度。

有的父母这样说：

"你过得好，就应该去帮他。"

"他比你小，你就应该帮他。"

"他比你差一些，我就应该多帮他。"

其实这个世界上哪有那么多"应该"？每个孩子来到这个世界上，都是独立的个体，都需要被父母实实在在地看见，都需要父母看见他的好与不好，看见他的脆弱和坚强，看见他的需要。

当能力强的孩子去帮助能力弱的孩子时，父母要记得多一句夸赞："你姐姐对你真不错。"

当家境好的孩子去帮助家境差的孩子时，父母要记得对给予帮助的孩子说一句："你总是帮助他，这样真的可以吗？你需要我们的帮助吗？"

父母只要多说一句这样的话，那个一直在付出的孩子就被父母看见了，他的需要就被父母满足了。一个人无论长到多大，在父母面前永远是一个需要被肯定和夸赞的小孩。父母如果只是居高临下地命令孩子一直付出，就会让孩子感到心寒。孩子在乎的往往不是物质上或精力上的付出，而是父母实实在在的看见和肯定。

每个孩子都有独特之处，看到每个孩子的特点，并给予每个孩子独特的关注，是多子女父母的必备技能。

"如果我死了，他们会纪念我吗？"

我在给一个 11 岁女孩做咨询时，女孩对我说："如果我死了，他们会纪念我吗？如果重活一次，我会变成他们喜欢的样子吗？"为什么这个女孩会冒出这样的念头呢？

🔊 小事也会让孩子崩溃

这个女孩到底遇到了什么问题呢？其实没什么，就是女孩的学习成绩不够好，父母对她不满意。女孩有一个出色的姐姐，父母无意间会把她和姐姐做比较，对比之下，女孩在父母眼里就是一个好吃懒做的孩子，优秀的姐姐则像是一束光，而她像一个躲在阴暗处的没用的孩子。所以，她说她不喜欢自己。

有的家长会说："这有多大点事儿啊？孩子为什么要死要活呢？"但是，一个 11 岁孩子的承受力是很弱小的，请不要用 30 岁的标准去衡量 11 岁的孩子。有时这种压力对脆弱的孩子来说是致命的。

这个女孩告诉我，有一次吃牛肉干，姐姐吃了很多，自己并没有吃到多少，她告诉妈妈，妈妈反而嫌弃地说："不就是牛肉干吗？你怎么这么小气？"

在成年人看来，这是一件多么稀松平常的小事，但孩子会觉得非常委屈，会觉得不公平，会觉得妈妈只喜欢姐姐，不喜欢自己。

养育多子女的父母对待每个孩子都需要特别耐心、特别细心，不要让自己无意间的举动给孩子带来伤害。一件很小的事情，在孩子眼里也许是一件大事。到底多子女的家长该怎样做呢？

不忽视孩子小小的诉求

多子女家长对待孩子需要有足够的耐心。家长不要因为一时的忙碌或烦躁而忽视孩子的诉求，也许一个很小的诉求在孩子看来就是一件了不得的大事。家长要重视孩子的每一次倾诉。孩子终究是孩子，孩子的抗压能力没有成人那么强，家长要认真地倾听孩子的诉求，并且表示理解孩子的感受。

不要给孩子贴负面标签

多子女家长不要给孩子扣帽子。类似"你真贪吃""你真小气""你不如姐姐聪明"这样的话，家长不要对孩子说。任何带有负面标签的语言都可能变成孩子对自己的评价，孩子会内化并认同家长的评价，进而不接受自己原本的模样，这样的后果是很可怕的。

不要给孩子排序

多子女家长不要给孩子排序。家长的每次排序都有可能成为孩子这辈子挥之不去的印记。家长有可能特别喜欢某个孩子，或者觉得这个孩子要比那个孩子好，但是不要把这些想法说出来。家长对待每个孩子不仅要做到物质上的公平，还要做到心理上的公平。如何做到心理上的公平呢？理想的做法就是充分倾听每个孩子的心声，给予每个孩子单独陪伴的时光。

多子女的家长会偏心吗？

很多计划生育二胎的家长都会想象着孩子们相亲相爱的场景，并且会发誓一定做到公平公正地对待每个孩子，绝不会偏心。

二胎家庭为公平费尽周折

我听过一个二胎妈妈的故事。这位妈妈在生第二个孩子之前，信誓旦旦地对周围的人说，她一定不会因为生了二胎而冷落老大。结果，第二个孩子生下来聪明伶俐，讨人喜欢，老大依然是懵懂的样子，这位妈妈竟然说她打心底里喜欢懂事的老二。

很多二胎家长为了公平费尽了周折。我曾经听过一个故事，妈妈生了两个男孩，为了保证公平，外出买玩具时，一定会同时给哥哥和弟弟各买一个同款玩具，给孩子买的所有东西都是一式两份。

还有位二胎妈妈常常感叹孩子的内心如此敏感，生了弟弟之后，原本并不怎么黏人的哥哥晚上非要和妈妈一起睡，总觉得妈妈对弟弟比对自己好。

孩子们需要的资源多于父母可以提供的资源

多子女父母做到公平真的那么难吗？父母努力想要做到公平，可孩子为什么总是觉得父母不够公平呢？

这是因为，孩子们需要的资源远比父母所能提供的资源多。比如二胎家长认为的公平就是两个孩子各得到 50% 的资源，但是两个孩子并不是这么想的，他们都想从家长这里得到 100% 的资源。换句话说，这就是孩子们日益增长的需求与父母资源匮乏之间的矛盾。

有的家长说："我觉得我对孩子们挺公平，我给两个孩子同时买了一模一样的玩具。"

我很认真地回答："公平不仅仅体现在给孩子们买一模一样的玩具上，资源包括物质上和精神上两种。"

有的家长说"我没觉得不公平，两个孩子在一起相亲相爱，互相帮助，挺好的。"

其实，同胞之间的关系是非常复杂的。同胞关系首先是竞争关系，都在竞争父母的资源；其次是合作关系，共同抵御"外敌的入侵"。两个孩子本来在家里吵得不可开交，如果外面的孩子欺负其中一个孩子，这两个孩子就会团结起来，一致对外。

出生顺序与个性特征

出生顺序有时候能影响一个人的个性特征。人们常说老二总比老大精，可能是因为老二在人情世故方面比老大更圆滑些。这是因为老大在老二出生之前可以独享父母的爱，而且无须付出太多努力。老二就不一样了，他来到这个世界时哥哥或姐姐已经存在，他想要生存，就要想尽办法从父母那里获取资源。

我的一个学生在家里排行老二，还有姐姐和弟弟。他说："只要弟弟一哭，父母就会满足弟弟的要求。妈妈最喜欢姐姐，我在家里最不受欢迎。"他的妈妈觉得自己很难，有一肚子的委屈，因为家里的三个孩子都觉得自己最不受欢迎。

在多子女家庭中，最小的孩子往往特别擅长人情世故，也特别激进。

第一个出生的孩子和最后出生的孩子往往各有一段独享父母之爱的时光，而中间的孩子却没有，他们最容易被父母忽视，即使父母并不想这样做。

《奇迹男孩》带来的养育启示

多子女父母在孩子的不同时期需要应对不同的问题，比如小时候孩子们会打闹，青春期孩子会用危险的行为来争夺资源，等等。有什么解决方法吗？

在电影《奇迹男孩》中，我感受到了同胞之间的微妙关系。剧中的家庭有一个姐姐和一个先天残疾的弟弟，妈妈把自己大部分的爱给了弟弟。姐姐非常理解和支持妈妈，也深深地爱着弟弟，姐姐特别好。

其实父母要想做到绝对公平是非常困难的。有研究发现，如果父母拥有的资源比较匮乏，比如家境比较贫穷，或者工作非常忙，没多少时间陪伴孩子，那么他们往往会把有限的资源投入到比较优秀的孩子身上。

父母如果拥有特别丰富的资源，往往就会把更多的精力放在那个特别需要帮助的孩子身上。电影《奇迹男孩》中的妈妈就是这样，她为了弟弟放弃了自己的工作，但爸爸的收入很高，家庭条件不错，能够承受较高的经济压力。

我也遇到过一对生育了一个残障孩子的父母，他们为了专心陪伴照顾这个孩子，决定不再生第二个。

电影《奇迹男孩》中的姐姐其实对妈妈有怨言，她希望得到妈妈更多的关心。妈妈意识到了这一点，所以特意抽出一个下午，母女二人坐在沙发上，看电影聊天，但是弟弟学校老师打来电话，妈妈只能匆匆离去。

多子女家长往往分身乏术，无法同时满足多个孩子的需要，这时候就需要其他亲属的帮助。

这个电影让我特别感动的是孩子们的奶奶，这是一位充满智慧的奶奶。奶奶对姐姐说，这个世界上，奶奶最疼姐姐，因为弟弟有妈妈的疼爱，而姐姐没有妈妈的疼爱，所以奶奶最疼爱姐姐。奶奶并没有做到一碗水端平，她偏心了，偏向被冷落的姐姐，温暖了姐姐的心。

孩子不管有多么懂事，多么识大体，都希望得到父母百分百的爱。多子女父母往往无法给每个孩子提供百分百的爱，这时候，孩子身边的其他亲人就可以给予孩子更多的爱。

有了老二，老大的表现变差怎么办？

有位妈妈向我倾诉她遇到的问题：弟弟出生后，姐姐的状态逐渐变差，情绪容易崩溃，常常会说"你们不喜欢我了"，变得更加幼稚，和弟弟抢着吃一些自己原本不爱吃的食物，学习上变得懈怠，做作业的情况和上课表现都不如从前。

困扰二胎妈妈的另一个问题是如何将一碗水端平，如何避免孩子受委屈。

🔊 二胎妈妈尽量做到公平就好

二胎妈妈不要对一碗水端平有太深的执念，其实很难做到将一碗水完全端平，只要尽量公平就好。

家庭中的每个孩子的情况都不同。家长要始终相信孩子有能力找准自己在家庭中的位置，要让孩子感受到妈妈一直在努力做到公平。

🔊 避免营造竞争的氛围

如果家中的两个孩子是在温馨友爱的家庭氛围中长大，那么他们在成年之后相亲相爱的可能性很高。

如果父母在不经意间给两个孩子营造出竞争的氛围，那么孩子之间的关系往往不会很好。

父母最好不要在家里比较两个孩子，不要这样说："你看看姐姐多乖！""你看看妹妹多听话！""弟弟这次又考了100分，真厉害！""哥哥今天又被表扬了，真好！"否则就容易在无形中营造出竞争的氛围。在竞争的氛围中长大的孩子想要得到父母的关注，只好努力超越其他孩子。如果这种竞争的氛围成为常态，那么孩子们之间容易出现激烈的竞争，会产生强烈的嫉妒心。

🔊 充分的心理建设

父母要对二宝的到来进行充分的心理建设。二宝的到来，容易引发大宝的某些行为问题，每个家庭的差别只在于问题的严重程度和持续的时间长度。

想要解决这个问题，就需要全家总动员。大宝之所以出现问题，往往是因为得到的父母的关注一下子变少了。

如果妈妈把大部分精力放在照料小婴儿上，其他家庭成员就要把更多的精力放在大宝身上。这时候爸爸就显得很重要，爸爸可以单独带大宝出去玩，可以把更多的精力放在大宝的学业辅导上，不要在大宝出现问题时指责大宝："你都做姐姐（哥哥）了，还这么不懂事吗？"这样责备的结果往往是火上浇油。

妈妈对大宝的关心同样很重要。二胎妈妈不要把自己所有的精力都放在照顾小婴儿上，应该腾出时间来陪陪大宝。陪伴的方法很重要，最好不要一边抱着小宝，一边看着大宝做作业。这样的陪伴往往是无效的，妈妈很辛苦，大宝还认为妈妈心不在焉，结果吃力不讨好。

二胎妈妈每天可以腾出半小时或一小时，把小宝交给家里的其他人照顾，自己全身心地陪伴大宝。在这段时间里，大宝能得到妈妈全身心的陪伴，他的需求就能得到满足，就像花朵得到了雨水的滋润，久而久之，就不会用问题行为来引起家人的关注了。

妈妈全身心陪伴大宝的时候，即使小宝在哭闹，妈妈也别去救场，否则容易让大宝觉得妈妈只考虑弟弟妹妹，会对妈妈很失望。

二胎家庭热热闹闹，其乐融融。二胎家长在享受天伦之乐的同时，往往需要承担更多的责任。当然，办法永远比困难多。

第十章

家长需要知道的家校沟通事项

孩子一上学，家长的心里就绷上了一根弦，一头系着孩子的表现，一头系着和老师的联系。和老师沟通时，家长如何才能做到既表明立场，又不失礼貌呢？家长没时间参加学校的活动怎么办？这都是家长们普遍关注的问题。和老师沟通时，有的家长担心自己说错了话。其实老师和家长都是普通人，大家都希望得到尊重和理解。从本质上说，家校沟通就是人与人之间的沟通。

孩子的学习与成长需要家校合力

有的家长比较困惑，认为孩子的学习是学校老师管的事，奇怪为什么要家长来管，希望老师来负责孩子的作业。

老师也很困惑，奇怪孩子为什么回到家后不好好写作业，希望家长管管孩子的作业。

家长和老师都希望孩子能自觉地把作业做完。其实孩子也明白自己应该认真完成作业，但有时候不一定能做到，要么是因为内在动力不足，要么是因为外在监督力度不够。

如果孩子缺乏内在动力，意识不到作业的重要性，尚未具备自我进取的意识，那么孩子做作业时需要外在监督。监督人首先是老师，其次是父母。

很多孩子在刚上学时就能够做到认真完成作业。这类孩子比较自觉，父母就比较省心。有的孩子放学回到家，总想着玩，不想写作业，就需要父母的督促。

📢 每个孩子都是有差异的

每个孩子的情况都不同。有的孩子一到回家，就认真做作业；有的孩子玩到该睡觉的时间，才想起作业还没写；有的孩子根本不愿写作业，觉得写不写作业都没关系。

有的孩子能够自觉完成作业，不需要家长的监督。有的孩子一旦没有了外在监督，就会放飞自我，把作业抛之脑后。

有的孩子没完成作业，家长希望孩子第二天在学校里补完昨天的作业，可是孩子在学校里需要上课，需要做课堂练习，课间有可能需要订正课堂练习，没有多少时间补昨天的作业。有的家长希望老师严厉地批评孩子，让孩子再也不敢不做作业了，但并不是每个孩子被老师批评一次就能马上改正。

面对不同的孩子，家长和老师的态度和方法也不同，不能一概而论。

提倡家校合力

学习是件复杂的事情。我们提倡因材施教,但一个老师往往教几十个或上百个孩子,实在无法将因材施教完全做到位。如果家长能够多关注孩子的学习情况,能够有针对性地帮助孩子提升,那么孩子在学习道路上遇到的障碍会越来越少。

家长如果比较关注孩子的学习,就能促使孩子对自己的学习更上心,就能让孩子切实地体会到学习是件重要的事情。老师、父母和孩子共同努力,大家共同的力量一定大于单方面的力量。

家长要和老师多沟通,家长和老师都要多关心孩子,多监督孩子,都要为孩子的成长尽心付出,这才是教育的正确方式。

家长需不需要参与学校的活动？

如今学校的活动丰富多彩，各种各样的特色活动精彩纷呈。有的家长乐在其中，有的家长苦于工作繁忙，分身乏术。家长到底需不需要参与学校的活动呢？

孩子在学校的学习更加立体

家长需要明确现代学校教育的使命和内涵。学校教育如今变得越来越立体，孩子们在学校里不仅能够接受文化知识，还可以去体验和实践。孩子们在活动中体验并学习已经成为常态。

有教育专家提出"学习共同体"的理念，学校、家庭、社区都是学习共同体的一部分，家长和社区共同参与学校教育，这样孩子才能接受到全方位的教育。

家长要明确自己的角色定位

学校的活动一般由校方来组织，老师一般是活动的主要负责人。家长可以利用自身的专长和资源为老师出谋划策，为老师提供必要的帮助，不需要成为活动的主导者。

家长参与活动的目的是让孩子健康成长

参与学校活动时，家长要怀着"我愿意为孩子们提供资源"的心态，帮助孩子们拥有更丰富的活动体验，得到更多的收获，让孩子们能够健康成长。家长用这样的心态与老师们合作，与孩子们相处，大家都会感到非常开心和顺畅，孩子也会因为有了家长的陪伴而感到更加快乐开心。

如何正确地与老师沟通

家长与老师的沟通特别重要。其实老师和家长一样，都是普通人，都会有情绪，都希望得到尊重和理解。

🔊 家长要心平气和地和老师沟通

家长要在言行举止上体现出尊师重教的品格，要心平气和地和老师沟通。当然，尊重并不代表要唯唯诺诺。尊重老师的意见，不背后议论老师的行为，这是家长最起码的底线。老师特别希望家长们多说几句中肯的话，希望家长们能看得见老师的辛苦，能把老师的努力记在心上。和老师沟通问题时，家长要冷静坦诚地表达观点，不要激动，不要带着情绪。

🔊 耐心沟通才能解决问题

家长即便持有不同的观点，也要耐心认真地和老师沟通。一般来说，老师特别希望得到家长的尊重、理解和包容，只要家长提的要求很合理，并且态度很诚恳，那么沟通肯定会有效果，也会比较顺畅。

家长不要在孩子面前说老师不好

皮格马利翁效应

在古代希腊神话中有这样一个小故事，称为"皮格马利翁效应"。塞浦路斯国王皮格马利翁是一位有名的雕塑家，他精心地雕刻出一位美丽可爱的少女，并且深深地爱上了这个少女，后来这尊雕像竟变成了真人。这个神话故事告诉我们：期望和赞美能产生奇迹。

罗森塔尔效应

心理学家罗森塔尔和雅各布森分别在各自的实验中发现了一个现象：老师越对孩子寄予期望，孩子就越能取得显著的进步。这就是"罗森塔尔效应"，也称为"期待效应"。

罗森塔尔带着一群研究者到一所小学，在孩子们中间进行"预测未来发展的测验"，然后研究者将认为有"优异发展可能"的学生名单通报给教师。

其实，这个名单并不是根据测验结果确定的，而是随机抽取的。研究者以"权威性的谎言"暗示教师，从而调动了教师对名单上的学生的期待心理。过了一段时间，再次进行智能测验，结果发现，名单上的学生的成绩普遍提高，教师给了他们良好的品行评语。

这个发现在学术界引起了巨大的轰动，直到今天很多人对这个实验结果坚信不疑。有的家长会这样对老师说："老师，孩子特别相信您说的话，你多鼓励鼓励孩子，这样孩子一定会取得很大的进步。"

罗森塔尔的后续研究

后来罗森塔尔发现，在众多关于期待的研究中，只有五分之二的研究可以验证这个效应。换句话说，一个天资聪颖的孩子，不会因为教师较低的期望而成绩一落千丈。同样，一个能力并不出众的孩子，也不太可能因为老师的高期望而异军突起。有的家长认为把孩子送入名校就等于成功了一半。殊不知，孩子自身的因素往往是成功的重要因素。

学生对老师的心理预期会影响听课效率

心理学家研究发现，学生对老师的预期会影响学生的学业成绩。心理学家菲尔德曼等人的研究表明，当告诉学生给他们上课的老师非常出色的时候，学生会认为老师的确非常棒，这些学生最终取得的学业成绩要比被告知老师是糟糕的那些学生好。

当家长和孩子讨论老师有哪些地方做得不好的时候，家长就如同在暗示孩子这个老师教得并不好，这样会影响孩子对老师的心理预期，会影响孩子的听课效果，最终会影响孩子的学业成绩。

老师总说孩子的缺点，是对孩子有偏见吗？

有的家长不愿听老师说孩子的缺点，如果家长总是逃避孩子的问题，那么孩子的问题往往得不到解决。如果孩子在成长过程中暴露出来的问题总是被家长忽略，那么最终会给孩子带来更大的伤害。

为什么老师总说孩子的缺点？

为什么老师总对家长说孩子的缺点呢？因为老师和家长都很忙，好不容易约好了，来学校谈谈如何解决孩子的问题，为了节省时间，老师往往直奔主题，直接讨论关键问题。这时家长不要这样想："老师是不是对孩子有偏见？为什么总说孩子的缺点？"而要理智地思考："孩子的某些方面肯定存在问题，所以老师才会特意腾出一些时间来和我沟通，这也是老师关心孩子的表现。"

家长可以真诚地对老师说："谢谢老师告诉我孩子这方面的问题，接下来我们该做些什么呢？"老师听到家长这样说，一定会非常认真地和家长一起找解决方法。

老师每天面对的是整个班级的孩子，一旦发现孩子在某方面的表现偏离了常态，而且这种表现会影响到孩子的正常学习和健康成长，才会向家长提出沟通的建议。

家长不要回避孩子的问题

孩子的成长轨迹是一条单行线。家长不要错过教育孩子的最佳时机，要随时了解孩子的问题，不要回避孩子的问题。

有位教育专家曾经语重心长地对我说："一线老师的观察是非常重要的参考标准，老师长期和孩子在一起，老师发现的问题往往是真实存在的。"

其实家长和老师的立场和目的都是相同的，都是为了解决孩子的问题。老师愿意如实告诉家长孩子的问题，家长也要认真地和老师沟通，虚心地向老师请教，把握住教育孩子的良机。

"老师，你的话管用，快帮我们说说！"

老师在和家长的沟通中常听到这样的话："老师，孩子听您的话，您帮我们说说孩子。"老师看到学生听自己的话，的确很开心，这说明学生对老师很认可。但是老师无法替代家长，家长希望老师帮助调解亲子矛盾并不是长久之计，家长需要改变和孩子的相处模式。

孩子为什么愿意听老师的话？

老师手握"奖惩大权"，在孩子的心目中是权威的象征。老师懂的很多，会教给学生知识，带学生做实验，引导学生认识世界。老师还懂得孩子的成长规律，了解孩子的心理变化，明白如何和孩子沟通，具有沟通技巧，所以孩子愿意听老师的话。

家长可以向老师学习育儿门道

家长可以向老师借鉴以下育儿门道：

家长要拥有某项专长。家长的专长就如同自己的名片，是孩子心中的闪光点。家长不需要上知天文，下知地理，也不需要博学多才，通晓古今，但要有自己的专长，比如英语非常流利、精通汽车知识、菜做得很好吃等等，都能得到孩子的崇拜。在孩子小学阶段，家长懂得很多科学文化知识，就能赢得孩子的敬佩。

家长要学些育儿知识。家长要懂得孩子的心理，要时常陪伴孩子，了解孩子的想法，要经常和孩子交流。

家长要懂得沟通技巧。家长和孩子沟通时要注意方法，采用适合孩子年龄阶段的沟通技巧。孩子想和家长倾诉时，家长要做个合格的听众，给予孩子适当回应。当孩子慢慢长大，和家长说的话越来越少时，家长可适当引起话题，同时多给孩子空间。有些话家长一定要告诉孩子，比如以防孩子走歪路的指导和建议。如果家长结合自己的生活经验，让孩子明白家长说的是对的，这些话就会根植在孩子的心中。

老师要来家访了！

有的家长觉得很奇怪，在通讯如此发达的年代，老师为什么还要家访。

🔊 老师为什么要家访？

（1）**了解孩子的基本情况**。家访能让老师和家长全面了解孩子的基本情况，比如孩子在家做作业的状态、和父母沟通的方式、生活自理能力等等，这些情况老师在学校里是看不到的。同样，在学校里孩子和同学相处的情况，孩子上课是否认真，家长也不是很了解。孩子在老师面前和在父母面前完全是两种状态，家长和老师通过全面了解孩子，能更有针对性地帮助孩子成长。

（2）**感受家庭氛围**。家访能让老师了解孩子家庭的基本情况，比如主要是哪位家长在带孩子，家庭氛围是和睦还是紧张，家长对孩子的关注度是高还是低，等等。老师通过家访可以对孩子的家庭有更多的了解，能对孩子有更深的认识。

（3）**促进家校沟通**。家访能促进家校沟通和师生关系的改善。老师和家长一起坐下来好好聊一聊孩子的事，可以拉近彼此的距离，为今后的家校沟通奠定良好的基础。

（4）**为孩子的个性培养奠定基础**。了解了孩子的家庭情况，有助于老师给家长提供一些专业培养建议，有助于老师在今后的教学中结合孩子自身的性格特点和家庭情况因材施教，更有效地处理孩子的问题，给予孩子适合的指导。

🔊 老师要来家访了，家长该做些什么？

（1）**和孩子一起整理房间，让孩子学会待人接物**。家长可以利用这难得的机会，让孩子拥有小主人的意识。在老师来之前，孩子整理一下自己的房间和书桌，简单地打扫打扫。老师来了，孩子给老师搬个凳子，倒杯水，学会礼貌地待人接物。

（2）**家人尽量都在家**。老师要来家访时，一家人尽量都在家。如果平时是爷爷奶奶带孩子，那么爷爷奶奶最好也在家，有利于一起沟通和了解孩子的情况。培养孩子是一家人的事，一家人都和老师聊聊，能增加家庭里每个成员教育孩子的责任感。

（3）**展现客观真实的一面**。老师来家访，主要是来了解孩子的家庭情况的，所以家长尽量展现出家庭真实的一面。比如老师问起孩子在家里的情况，家长可以如实告知。如果孩子在某些方面存在一些问题，比如作业拖拉、沉迷游戏等等，家长不妨当着孩子的面说一说，一起和老师商讨对策，对孩子而言也是个绝佳的教育机会。

（4）**聊聊教育上的困难**。老师来家访的时候，家长可以和老师聊聊教育上的困难，比如父母工作太忙，没时间管孩子学习，或者经常出差等，请老师帮助提供解决的办法。家访是讨论孩子教育问题的良机。

孩子和同学发生冲突，家长该怎么做？

一个班少则二三十个学生，多则四五十个学生，争吵打闹是常见的事。孩子的打闹牵动着家长的心。孩子受伤了，家长会特别心疼。孩子在学校里和同学发生冲突，家长该如何处理呢？

评估冲突的严重程度

如果孩子和同学闹了小矛盾，只是拌了拌嘴，那么家长可以让孩子自己去解决。孩子可以通过和同伴的交往慢慢学会交际。孩子一和同学出现矛盾，父母就"挺身而出"，孩子往往学不会该如何和同伴相处。

如果冲突比较严重，比如孩子受伤了，那么家长需要出面和老师、孩子共同解决问题。家长可以先和班主任沟通，向班主任了解事情的来龙去脉。如果班主任对这件事并不知情，家长就要向班主任反映情况，要给班主任时间去了解情况，最好不要直接联系对方家长，也不要在家长群里吵架。

在相互理解的基础上进行充分沟通

老师在了解情况后，会主动和家长沟通，有时候会请双方家长一起来协商处理。不管是哪一方家长，都要在相互理解的基础上进行充分沟通。

家长需要明白的是，沟通的目的是解决问题，而不是让矛盾升级。针对普通的打闹争吵事件，如果自家孩子是犯错方，家长就该承担对方孩子的医药费，向对方赔礼道歉，要勇于承担责任，并且态度要真诚。如果对方孩子需要进一步观察或治疗，家长就要持续关心孩子，直到孩子康复，同时有义务去对方家里看望孩子。

如果自家孩子是受害方，那么家长可以表达自己心疼孩子的感受，也可以提出合理的要求，不要咄咄逼人，不要威胁对方，也不要大打出手。

把老师放在正确的位置

家长要想解决孩子在学校里的冲突，要先和班主任沟通。如果孩子是在其他课上发生冲突，任课老师也有义务一起解决问题。

家长要把老师放在正确的位置上，要信任老师，相信老师会公平公正地去处理问题。老师并不希望冲突发生，但是老师无法控制每一个学生的行为和思想。

家长如何处理孩子间的冲突，孩子都看在眼里，这也是一次教育的良机。过错的一方道歉并承担责任，学会反思，并改正自己的行为；有理的一方学会宽容，能赢得同学们的尊重和喜爱。有理、有礼，尊重、理解，只要家长做到了，孩子就能做到。

后记

以我真诚之心，慰您育儿之忧

我们从未想过有一天居然可以出版一本书。我小时候曾想过将来可能出一本小说或一本散文集，但是从未想过出版的第一本书是写给父母的育儿书籍。

2018 年，我们设立了微信公众号，名字叫作"我是神老师"，起这个名字是出于自我调侃。我们每天拼命写啊写啊，写有关心理和家庭教育的文章。我们曾经写过散文，后来发现，家庭教育类文章的阅读量最高，阅读量是最好的强化物，于是我们的公众号就逐渐转变成了育儿类的公众号。从 2018 年到 2023 年这六年间，我们写了 1500 多篇文章，这是我们以前从不敢想的，也是 2000 多个夜晚我们坐在电脑前冥思苦想，靠一股非要写出一篇文章推送出去才肯睡觉的劲头获得的成果。

刚开始的时候，我们每天都写文章，更新文章的速度非常快，但也是一种特别大的挑战：每天都要写，从哪里寻找这么多的话题呢？于是我们的大脑每天就像一个长满天线的接收器，接收来自学生的、家长的、同事的各种教育困惑，然后在脑海中形成观点，晚上再把这些观点进行整理，变成一篇篇文章。创作的过程是痛苦的，每天早上一醒来就思考：今天我该写些什么呢？但是创作的过程是充满成就感的。每当看到我们的某篇文章帮助了某位家长，或者让读者得到了启发，我们就会觉得所有的付出都是值得的。

这几年的创作过程中，我们结识了很多家长朋友，更深入地了解了如今家长的育儿之痛、育儿之难，所以想尽可能地用我们所学，通过我们的视角，陪伴家长走过这段充满挑战的育儿旅途，帮助家长发现育儿的成就与乐趣。

我们的初衷是帮助家长减缓焦虑，让家长读了我们的文章感到安心，学到方法，能把目光放得更长远些，学会和孩子保持恰当的边界。

这本书的独特之处在于非常接地气。我们是一线教师，在教学一线工作十年以上。大神老师同时是一位妈妈，有一个需要操很多心的娃，所以我们能明白家长育儿的痛点在哪里。我们写作的过程也是为教学和育儿寻求方法的过程，也是学习和总结的过程，边写边学，把学到的方法运用到实践中，再对实践进行总结，把总结的成果写在文章里。我们写文章不是闭门造车，而是经过实践总结得出的成果，具有可操作性。

　　我们在这本书中分享了有关家庭教育的思考和建议，列举了很多教学一线的教育案例和教育方法，但并不代表书中的方法适用于所有的孩子，在此恳请读者多提宝贵的意见。

　　做父母并不轻松，甚至非常辛苦，但也特别有成就感。希望我们能成为父母育儿路上的陪伴者，帮助减轻父母的育儿焦虑。

沈利克　　沈利红

2023 年 5 月